Local Government Kaizen

地方自治体
業務改善

石原俊彦 [編著]

あきらめない．
あきらめない．
そして．
あきらめない．

関西学院大学出版会

地方自治体業務改善

はしがき

　自治体職員の一人ひとりが、明るく・元気に・前向きに仕事に取り組み、住民から感謝されるとしたら、県庁・市役所・役場ほど素晴らしい職場はない。自治体職員の一人ひとりが、互いに尊敬の念をもって相手の長所を賞賛し、優れた実践を共有することで役所の改革が展開されたら、知事・市長・町村長ほど素晴らしい仕事はない。

　現在、多くの地方自治体関係者が真摯な気持ちをもって着手している業務改善運動は、以上のような理想の職場を実現するための取り組みである。その特徴はボトムアップ、トップダウン、ミドルアップダウンという三つの方向から、自治体に勤務する関係者がさまざまな方法で関与することができるという点にある。

　2000年度に福岡市役所で開催されたDNAどんたくは、今日、多くの自治体で展開されている業務改善運動と、その実践事例報告会の起点と位置づけられる。2003年度に尼崎市で開催されたYAAるぞカップと、名古屋市で開催されたなごやカップは、福岡市の取り組みが日本全国の自治体へと伝播する非常に重要な触媒機能を発揮した。その後今日に至るまで、数多くの自治体が業務改善運動に取り組んでいる。

　本書はDNAどんたくから、2011年3月に岩手県北上市で開催された全国都市改善改革実践事例発表会「カイゼン万博2011 in いわてきたかみ」までの約10年間にわたる、わが国自治体の業務改善運動の歴史を概観し、そこに見出された数多くの人間ドラマ、感動の瞬間、喜びの連鎖を整理することを目的にしている。執筆者の多くは、実際の業務改善運動や発表会を経験し、業務改善運動を通じて、地方公務員としてのミッション、やりがい、達成感等を体験した皆さんである。

　編著者はこれまで、各自治体で開催される業務改善の実践事例報告会と、初回から第5回の全国都市改善改革実践事例発表会の審査委員長を務めてきた。福岡市の山崎広太郎市長、名古屋市の松原武久市長、尼崎市の白井文市長、山形市の市川昭男市長、福井市の坂川優市長、さらには、中

野区の田中大輔区長や北上市の伊藤彬市長、大分市の釘宮磐市長をはじめとする、自治体の業務改善運動に造詣の深いカリスマ市長の横で、私は審査委員長を務めさせていただいた。カリスマ市長はいずれも、業務改善に取り組む職員を暖かいまなざしで見守り、業務改善運動を継続してゆかねばならないと鼓舞される。審査の公表でも、職員のことを十二分に見守り激励のメッセージを残している。10年間審査委員としてこうした市長の横で座っていると、どれほど多くの首長が、自治体職員の意識改革や共鳴、共有、共学のために、業務改善運動の力を発揮しようとされているのかがよくわかる。首長は業務改善運動の意義を誰よりも理解していると、私は感じている。

　本書は一般の自治体職員だけではなく、それぞれの自治体で業務改善運動に着手し、それを定着させようと考える首長・幹部職員にも一読に値する内容が集約されていると自負している。編著者は合計25名の執筆者がまとめた業務改善の原稿に一字一句目を通し、書物全体としてのトーンが保たれるように、相当の加筆と修正を加えた。25名の著者の元原稿は、書物全体の均衡を意識すればするほど、相互にシナジー効果をもって迫力を増すものとなっていった。多数の執筆者からなる書物の編集は、時間のかかる作業ではあったが、時間をかければかけるほど執筆者の熱い思いが伝わってきた。正直、長時間にわたる編集は、非常に心地よい至福の時間でもあった。

　さて、編者編集に先立って、本書では4名の執筆者代表が、元原稿の収集と調整にあたった。吉田淳史氏（尼崎市）、立石孝裕氏（尼崎市）、後藤好邦氏（山形市）、木村昭興氏（柏原市）の各氏には、大部の原稿の執筆と元原稿間の長時間にわたる調整の労をとっていただいた。ここに記し、感謝の気持ちを表したい。本書は第1章と第3章を除き、書物全体をすべての執筆者の共同作業として認識し、個別の執筆箇所を明記することを行なっていない。本書の実態は、編著者を含め25名の執筆陣でまとめた「おおいなる共著」である。また、本書の文中では、記述をできるだけ客観的に展開するために、原則、敬称を省略している。

　最後に私事で恐縮ではあるが、編著者の父は尼崎市役所の職員であっ

た。そして、山形市役所で第1回全国都市改善改革実践事例発表会の開催された2007年2月7日の2日後に亡くなった。7日の朝に弱りきっている父の姿を見て山形に出張し、一晩あけた8日の午後に病院に戻ると、父はその夕方意識を失い、翌朝早くに亡くなった。父の葬儀には、業務改善運動に関わる非常に多くの尼崎市職員の皆さんが参列してくださった。

　私は自治体職員ではないが、自治体職員という仕事の素晴らしさを理解している。自治体職員が、地域で住民に信頼され感謝され、より良いまちづくりのある意味主役となるように、その脇から支えさせていただく仕事を続けていこうと念じている。本書が、自治体職員の職務に少しでも役立てばと念じている。

　なお、本書は文部科学省科学研究費補助金基盤研究A（一般）「産官学連携による日英自治体のNPM実態調査と改革を推進するケース・メソッドの開発」（課題番号：19203022）と、同挑戦的萌芽研究「わが国自治体の内部統制構築のための理論とツールの統合的な枠組みの開発」（課題番号：21653037）の研究成果の一部である。

　　2012年10月

　　　　　　　　　　　　　　　　　　　　　　編著者　石原　俊彦

目　次

はしがき———iii

第1章　地方自治体業務改善の時代　　1
共鳴の精神で困難に立ち向かう

1　自治体業務改善の必要性　1
　(1)　行政ニーズの多様化と財政状況の深刻化
　(2)　発想の転換——英国の事例

2　地方自治体業務改善の特徴　4
　(1)　自治体間競争は存在するか
　(2)　弱みではなく強みである
　(3)　コピペと共鳴の精神

3　共鳴の精神——遭遇と持続　7
　(1)　なぜ業務改善運動なのか
　(2)　共鳴の精神をいかに持続するか

4　被災地の復興を目指し　9

Coffee Break　業務改善に取り組む山形市　市川昭男 市長　10

第2章　業務改善運動の経緯　　13
DNA運動を起点とする自治体業務改善

1　NPM改革と事務事業評価　13
　(1)　NPMによる自治体改革
　(2)　事務事業評価から業務改善へ

2　地方自治体業務改善の芽萌　15
　(1)　DNA運動の胎動——福岡市経営管理委員会の指摘
　(2)　現場発の業務改善運動
　(3)　太陽作戦とDNAどんたく
　(4)　自治体業務改善運動の全国展開

3　自治体業務改善の全国大会　23

　　　　(1) 自治体間交流の動き
　　　　(2) 全国都市改善改革実践事例発表会のはじまり
　　　　(3) 自治体業務改善のネットワーク化

　　4 福岡市でもDNAの遺伝子は残った　27

　　Coffee Break　業務改善に取り組む尼崎市　白井文 前市長　30

第3章　地方自治体業務改善運動のパターン　33

　　1 業務改善運動の類型　33
　　　　(1) 目的
　　　　(2) 事務局
　　　　(3) 運営方法
　　　　(4) 職員参加の方法
　　　　(5) ポートフォリオ・マトリックス
　　　　(6) 創意と工夫

　　2 事務事業評価との連動　38
　　　　(1) ChaChaCha運動の概要
　　　　(2) 業務改善運動と事務事業評価
　　　　資料　地方自治体業務改善運動の目的

　　Coffee Break　幻の第1回 全国都市改善改革実践事例発表会　48

第4章　出張なんて初めてですわ　49

　　1 会葬者に不快感をいだかれない斎場にしよう　49
　　　　──名古屋市立八事斎場
　　　　(1) 炉数と火葬件数日本一の八事斎場
　　　　(2) 会葬者の生の声
　　　　(3) 改善の胎動
　　　　(4) 改善の試行錯誤
　　　　(5) なごやカップ2006 最優秀賞受賞
　　　　(6) 改善は続く

　　2 職場の危機感が業務改善に　54
　　　　──枚方市淀川衛生事業所と保健センター
　　　　(1) 淀川衛生事業所での取り組み

　　　　（2）保健センターでの取り組み
　3　ここは施設更新用地で〜す　56
　　　　──山形市浄化センター
　　　　（1）施設更新用地取得と有効活用
　　　　（2）田端コンポスト試験畑のスタート
　　　　（3）田端コンポスト試験畑利用者の会結成
　　　　（4）田端コンポスト試験畑に溢れる市民の笑顔
　　　　（5）はながさ☆ぐらんぷりに参加して
　4　資格取得を通じた公務員のスキルアップの事例　60
　　　　──岐阜県庁職員
　　　　（1）公務員と資格
　　　　（2）プロとして仕事をするために
　　　　（3）庁内勉強会のススメ
　5　塵芥収集車（パッカー車）に広告掲載　62
　　　　──尼崎市環境市民局業務課
　　　　（1）現業職場の行財政改革と業務改善
　　　　（2）出張なんて初めてですわ
　　　　（3）俺たちで歴史を作るんだ
　　　　（4）やればできる

Coffee Break　「ゲッツJob」と「SSB賞」　69

第5章　PDCAってこういうことやったん!?　71

　1　福井市市民課　71
　　　　（1）「速さ」と接客方針カード
　　　　（2）取り組みの成果とその後
　2　北上市上水道課　73
　　　　（1）水道水の異臭味対策
　　　　（2）できることから実践する
　3　豊橋市総合動植物公園管理事務所　76
　　　　（1）プロジェクトのんほい誕生
　　　　（2）業務改善運動への参加
　　　　（3）業務改善が残したもの
　4　尼崎市立大西保育所　79
　　　　──分別戦隊ゴミワケルンジャー

(1) YAAるぞ運動は、絶好のアピールチャンス！
　　　(2) PDCAってこういうことやったん⁉
　　　(3) 人事異動は「大きい壁」だった
　　　(4) 「これでええやん！」から「これでええんか…？」に

　5　柏原病院看護部　85
　　　(1) 検査後の食事満足度をアップ

　6　山形市防災安全課　87
　　　――防災服‼劇的ビフォー・アフター
　　　(1) 一課一改善運動からはじまった改善
　　　(2) 防災服ベストへのモデルチェンジ
　　　(3) 「はながさ☆ぐらんぷり」への挑戦
　　　(4) いざ、全国大会へ

　Coffee Break　業務改善運動と部長の役割　91

第6章　縁の下の力持ち　93
　　　　　業務改善運動事務局の掟

　1　尼崎市のYAAるぞ運動　93
　2　業務改善運動事務局の7つの掟　94
　3　掟1：業務改善運動のファンになろう　95
　4　掟2：無理せず、少しずつ浸透を図ろう　96
　　　(1) 市長からのダイレクトメッセージ
　　　(2) ロゴマークの募集と活用
　　　(3) やあるぞ通信の発行
　5　掟3：かた苦しく考えず、気軽に楽しみながら取り組める仕組みを作ろう　98
　　　(1) たとえばサッカー
　　　(2) エントリーは臨機応変に
　　　(3) 第1印象グランプリ
　6　掟4：いつでも、迅速かつ親身になって相談にのろう　101
　7　掟5：善例は、認め、称え、ほめまくろう　101
　　　(1) 市長がゴー
　　　(2) YU（ゆ）ーくぞ職場
　　　(3) 局予選とプレーオフ
　　　(4) なるほど・ザ・やあるぞ
　　　(5) 審査委員が賞を創設

　　　　(6)　報告書大賞
　　　　(7)　ハットトリック賞
　　8　掟6：運動と発表会はセットものと心得よう　　106
　　9　掟7：同志とのつながりを大切にし、仲間に感謝しよう　　107
　　　　(1)　尼崎市職員同志のつながり
　　　　(2)　他の自治体職員同志とのつながり
　　　　(3)　「YAAるぞ運動」の同志「Ping!Pong!Pang!運動」
　　10　あなたはYAAるぞで賞　　112

　Coffee Break　全国都市改善改革実践事例発表会　数字の呪縛　　114

第7章　業務改善運動全国大会　　115

　　1　やまがた☆10（スタート）　　115
　　　　(1)　はながさ☆ぐらんぷり
　　　　(2)　山形市で開催
　　　　(3)　体育会系の「やまがた☆10」実行委員会
　　　　(4)　大成功の「やまがた☆10」
　　2　あまがさき☆14（ジューシー）　　119
　　　　(1)　山形市から尼崎市へ
　　　　(2)　妻が決めたネーミング
　　　　(3)　前夜祭で次回、次々回開催都市が決定
　　　　(4)　あまがさき☆14が、☆13に？
　　3　「18☆ふくい」から「なかの20丸」「カイゼン万博」へ　　125
　　　　(1)　18☆（いちばんぼし）ふくい
　　　　(2)　改船（カイゼン）なかの20丸（にじゅうまる）
　　　　(3)　カイゼン万博2011 in いわてきたかみ
　　　　　　～見て、聞いて、感じる自治体業務改善～
　　　　(4)　2012年！　いざ、大分市へ
　　4　全国大会の成果と課題　　136
　　　　(1)　成果
　　　　(2)　課題

　Coffee Break　やまがた☆10を支えた8つの行星　　140

第8章　K-NETとカイゼン・サミット　　141

1　K-NET　141
　(1) K-NETの発足
　(2) K-NETの設立趣旨
　(3) K-NET発足後の足跡
　(4) おもてなし運動とK-NET発起人の想い
　(5) 「カイゼン・サミット in いわてきたかみ」

2　カイゼン・サミットから業務改善へ　　147
　(1) 「改善」がすべてのはじまり
　(2) カイゼン・サミットと改善運動の必要性
　(3) 被災地だからこそ
　(4) おしごと改善グランプリ

Coffee Break　業務改善に取り組む北上市　伊藤彬 前市長　　154

第9章　業務改善運動をはじめよう　　157

1　業務改善運動とは　　157

2　目標を掲げよう　　159

3　進め方は千差万別の改善運動　　160

4　困ったときは近くの自治体職員へ　　161

Coffee Break　退職しても「YAAってるぞ」　　164

Epilogue　東日本大震災に立ち向かう業務改善の志士　　165

第1章

地方自治体業務改善の時代
共鳴の精神で困難に立ち向かう

1 自治体業務改善の必要性

(1) 行政ニーズの多様化と財政状況の深刻化

　地方自治体を取り巻く財政環境は、非常に厳しい状況にある。長寿少子化、保育所の待機児童、国民健康保険や介護保険、中心市街地の活性化など、迅速な対応が求められる行政課題は山積みである。ところが、こうした課題に取り組むための財源が不足している。政府と地方自治体の抱える公的債務の残高は1000兆円を超過し、日本は経済先進国のなかでも最悪の借金大国となっている。

　この状況下では、政府に地方自治体の財政を支える余裕はない。したがって、地方交付税の増額を要求したり、補助金の獲得に自治体が奔走したりという手法の効果も、いずれ極めて限定的なものとならざるを得ないだろう。しかし、こうした厳しい状況であっても、地方自治体はその財政基盤を根本から建て直し、将来世代に実質的なツケ（建設地方債は単なるツケではないし、貸借対照表の純資産の部に掲記されている公共資産等整備一般財源はマイナスのツケ〈過去世代から現在・将来世代への実質的なプレゼントである〉）を転化しない財政運営を目指さなければならない。

　このことは日本全国のすべての地方自治体が取り組むべき最重要課題である。しかしながら、その道は容易ではない。財政の悪化や人員削減によって、実質的な行政サービスの質と量が低下しているという懸念もあ

る。その場合には、財政状況の改善策よりも前に、不可欠な行政サービスを見極め、その質と量の下降傾向にまず歯止めをかけなければならないだろう。財政は厳しい、職員数は減少、それでも住民からのニーズや要請は多様化し複雑化する。自治体の首長・幹部・管理職・職員は現在、こうした難局に、それぞれの立場で果敢に取り組むことが求められている。

(2) 発想の転換——英国の事例

　自治体の首長・幹部・管理職・職員は、ここで知恵を出さなければならない。また、大胆な発想の転換も必要である。たとえば、図書館、公民館、プールなどの公の施設は、多くの自治体で建設が進められてきた。平成の市町村合併に一区切りがついた現在では、人口規模や財政規模に比して、過大な公の施設を保有する自治体も多い。一方で、自治体に求められるのは、住民を支える基礎的なサービスを、最少の経費で最大の効果を意識して提供する工夫である。贅沢な施設は建設すべきではないし、利用者の限定される公の施設を建設する余裕はどの自治体にもないはずだ。さらに今日では、こうした目線で必要ないと判断される公の施設の見直しが、どんどん進められている。

　もとより、住民が望んでいるから公の施設を建設するという発想だけでは、自治体の財政は悪化する。その結果、自治体破綻などの状況に陥って、住民生活を破綻させることになる。「基礎的なサービスを最少の経費で最大の効果」という観点からは、廃止や統廃合を検討すべき公の施設は実際、非常に多いのである。

　現在、日本と同様に公的部門の歳出削減を政府の重要な政策と位置づけている英国では、2011年度からの4年間の財政年度で、政府から地方自治体への歳出を26%削減の予定である。もちろんこうした政府方針への反対キャンペーンは多くの英国自治体関係者から提示されているが、英国の自治体はその一方で、積極的な自助努力を怠らない。たとえば、サービスの共有化（shared services）という考え方が、最近の英国自治体関係者の間で浸透してきている。

これは先に掲げられた図書館、公民館、プールなどの公の施設を、地方自治体間で共有して活用しようとするものである。Ａ市には図書館、Ｂ市には公民館、Ｃ市にはプールを設置し、三つの自治体でこれらを共有することで、建設費用や維持管理の費用は当然削減される。わが国の一般的な状況と異なるのは、3市には図書館、公民館、プールが合計で一つしかないという点である。三つの自治体に図書館等が合計三つあり、それらを住民間で利用し合っているわけではない。三つの自治体で一つの施設を共用利用することを目指しているのである。

　また、英国の地方自治体では、パネル（panel）と呼称される会議が数多く設置されている。これらは、自治体職員・地元企業・NPO・ボランティアなどから構成され、防犯・社会教育・経済再生など地域の抱える課題を、それらに関わるすべての住民と自治体関係者で解決を目指して検討しようとするものである。自治体職員は当然のように、行政課題を解決するためのヒントを住民に求めている。わが国では、自治体関係者が住民の意向を尊重して問題解決のベクトルを見出すという発想が近年重視されている。しかし、英国のパネルは、住民の意向だけ尊重するのではなく、行政のプロとしての自治体職員が住民等の有意な討議のなかで問題点を住民と共有し、財政問題や行政活動の中立性なども斟酌して解決策を模索するという手法が重視されている。住民自治のとらえ方には、このような多面性があることを忘れてはならない。

　住民の存在を看過するわけでもなく、かといって、住民の意向だけに基づいて意思決定するわけでもない。英国のパネルは、行政と住民がいわば対等の関係で議論を行ない、情報等を共有している。自治体は一方的に住民に説明するだけではなく、不明な点は行政が住民に質問することも日常茶飯である。パネルは決して議会ではないが、住民と行政のこうした双方向の意見交換は、従来予想もしなかった有益な結論を導き出すことも多い。ここにも発想の転換の可能性が潜在している。

2　地方自治体業務改善の特徴

(1) 自治体間競争は存在するか

　直面する困難に立ち向かうとき、地方自治体はまず自らの強みを認識しなければならない。自治体と対比される民間企業の強みは、「競争環境にある」という点である。たとえば、自動車メーカーのＴ社が、エンジン開発に優れた技術をもつＨ社のエンジン設計図を欲したとしても、Ｔ社はその設計図をＨ社から手に入れることはできない。おそらく相当の資金を準備してもそれは困難なことであろう。それゆえＴ社は、Ｈ社からの設計図の入手を企図することはなく、自社において優秀なエンジン開発のための投資・プロジェクトの編成などを行ない、そこに多くのエンジニアを集めるに違いない。民間企業はそれぞれの業種でこうした試行錯誤を繰り返し、世界でも類を見ない製品をこれまで多数開発してきた。民間企業の強みはまさに、こうした「競争環境」にある。

　これに対して、地方自治体の強みとは何であろうか。従前、「足による投票」という考え方から、住民はより優れた行政サービスを提供する自治体へ転居する可能性があるという指摘がなされてきた。それゆえ、自治体も競争環境にあり、極端に言えば、住民に逃げられないように、個々の自治体は他の自治体に負けないようにしなければならない、と。この指摘は一部、妥当と考えるべきであろう。しかし、地方自治や行政の現状を十分に垣間見れば、この指摘に一般性はない。むしろ、転居に要する費用や「ふるさと」の発想、さらには、自治体間の行政サービス水準を比較するための財務データ・非財務データが十分に住民に提供されていない現状で、「足による投票」という考え方はとるべきではない。

　編著者が住居する神戸市の東に位置する芦屋市では、阪神淡路大震災から震災復興の過程で、行政サービスの水準が近隣自治体との比較で非常に低下した。しかしそれでも芦屋市には、震災以降、それまで芦屋に住居していなかった住民が、どんどんと流入している。この例もまた、行政サー

ビスの良否が必ずしも住民による居住地選択の決定的要件ではないことを示している。自治体間競争は、マスコミが行なうランキングなどバーチャルな部分では一部存在するものの、実質的な自治体間競争は存在しない、と考えるべきである。自治体改革に真摯に取り組もうとする時、日本全国の自治体関係者はこのことを肝に銘ずる必要がある。

(2) 弱みではなく強みである

　地方自治体の強みは、実はそれらが競争環境に「ない」という点に求められる。競争環境に「ない」という状況は、これを行政の弱点とする指摘がこれまでは多かった。たとえば、自治体はその地域で行政サービスを「供給独占」している。「供給独占」はサービスの質や量を改善していくうえでの誘因に欠け、最悪のサービス提供形態であると指摘されてきた。近年導入された指定管理者制度の議論は、主にこの「供給独占」の課題を克服する一つの手立てである。しかし、こうした弱みも発想を転換すれば強みになる。供給独占ゆえに、どれほど自分たちのノウハウが他の自治体に漏れたとしても、自分たちの自治体の存在が危うくなることはない。反対に考えれば、他の自治体のノウハウも同じように容易に入手できるわけで、それゆえに、不必要な費用をかけることもなく、改革や改善のためのノウハウを入手することができる。

　実はこうした点は、これまでも行政視察という形で、ほとんどすべての自治体が採用してきた改革改善の手法である。本書では、自治体が現在直面する非常に大きな困難に立ち向かうとき、この発想を再度確認し強調すべきと考えている。「わからないことがあったら、先進自治体に聞く」「悩むより、インターネットで情報を入手し、先進自治体にヒアリングする」「お手本は、他の自治体だけではなく、自らの役所にあるかもしれない」。こうした発想こそ、わが国自治体の業務改善とその改革に不可欠の発想なのである。

(3) コピペと共鳴の精神

　ITやICTの時代、「コピペ」という言葉が多用されている。安易な複製というイメージの強い「コピペ」という用語であるが、日本全国で改革改善に取り組んでいる自治体では、この「コピペ」を前向きにとらえて積極的な業務改善が進められている。自治体は競争関係にない。それゆえ、他の自治体のノウハウを積極的に援用すべきである。しかし、他の自治体からノウハウを導入するときには、当該自治体への尊敬の念と感謝の気持ちを忘れず、今度は自らの自治体の進んだノウハウを積極的・好意的に他の自治体に提供していく。他の自治体や部署のノウハウに単にフリーライドするのではなく、優れたノウハウをさらに他の自治体へ伝播する伝道師としての役割を果たす、あるいは、自己の自治体のノウハウを積極的に他の団体に提供する。こうした貪欲で思いやりのある思考とネットワーク形成の重要性を大切にして、わが国には現在、業務改善や改革に取り組む自治体が非常に数多く存在するようになってきた。ところが、残念なことに、ごく一部の自治体ではあるが、こうしたノウハウの伝播や共有に際して視察等の団体に視察料を求めるという事実がある。こうした事例は、本書が企図する「共鳴」の精神と180度正反対のマイナス思考である。その背景にはいろいろと事情はあるかもしれないが、共鳴の精神とは相容れない事例であり、残念な事実である。

　ここにおいて「共鳴」の精神とは、「優れた事例や取り組みを率直に賞賛し、自らもその事例等を導入し、さらに他の自治体等へその内容を伝播していこうとする」考え方である。補助金や地方交付税の仕組みを説明するまでもなく、ほとんどすべての自治体では、自主財源のみで行政サービスを提供しているわけではない。個々の自治体の財源のなかには、日本全国のどこかで、あるいは、住民だけではなく企業の納めた税金が充当されている。こうした税金の流れから見ても、特定自治体の先進事例や取り組みは、次々に他の地方自治体に伝播し、一つでも多くの自治体で共有されるべきものである。この共有の前提としても、多くの自治体職員が「共鳴」の精神をもつことが重要なのである。

3　共鳴の精神——遭遇と持続

(1)　なぜ業務改善運動なのか

　業務改善運動は、職員提案制度と混同して理解されることがある。しかし、両者は本質的に異なるものである。職員提案が事案に取り組む前の事前の制度であるのに対して、業務改善運動とその実践事例報告会は事案に取り組んだ後の事後の制度である。職員に感動と共鳴の精神をもたらすのは、絵に描いたもち、すなわち、事前の取り組みではなく、愚直な事後の実例である。昨今の自治体改革に不可欠な要素は、愚直さである。職員提案でいくら立派な内容を提案しても、それは、まったく目立たない愚直な職員の真摯な取り組みに勝ることはできない。自治体職員のマインドというのは、そうしたものではないだろうか。自治体職員が感動し、共鳴の必要性を実感するのは、愚直で真摯な取り組みに直面したときなのである。

　業務改善運動を実施して、年に一度の実践事例報告会を開催する取り組みは、単に「コピペ」の発想で、業務改善と改革のきっかけを見出すだけではなく、地道に職務に取り組んでいる自治体職員の姿を関係者全員で賞賛し、自治体改革のための意識を定期的に鼓舞する機会を設けることを意味する。実践事例報告会について、その実施を疑問視する声は確かに存在する。しかし、自治体職員の意識改革、報告会等で賞賛された職員の励みなどを加味すれば、その開催意義はきわめて大きい。イソップ童話の『北風と太陽』のように「説得は強制に勝る」のである。賞賛からはまた新たな賞賛が次々と生まれる。そして、業務改善やその報告会からは、自治体改革のための強力なエネルギーが放出されるのである。

(2)　共鳴の精神をいかに持続するか

　業務改善運動や実践事例報告会を開催する自治体でも、それらを3年、4年と続けることは容易なことではない。実際、こうした運動や報告会を

開催した自治体のなかには、3年程度で一連の取り組みを終息してしまった自治体が少なくない。幹部職員のなかには、業務改善運動の効果に否定的で、2, 3年実践した後は、さっさと取り組みを止めるべきであると考えている職員もいる。しかし、職員の意識改革や共鳴の精神は、一旦実現したとしてもそれを持続することは容易なことではない。3年で止めてしまっては、元の木阿弥である。

業務改善運動の担当者が、ここ数年特に頭を悩ませているのがこの問題である。尼崎市のように3年ごとに取り組みの大テーマを変更する自治体もあるし、中野区のように首長の強い思いが背景にあって、業務改善運動を継続している自治体もある。貝塚市では業務改善運動の前任担当者が現任担当者と強力なタッグを組んで、側面からの支援を行なっている。また、山形市のように自治体としての取り組みは一旦終息したものの、業務改善に取り組んだ自治体職員が中心になって草の根的な改善と改革のためのネットワーク（たとえば、K-NET）を構築し、業務改善運動の炎を燃やし続けている自治体もある。

こうした草の根ネットワークには、現在、業務改善運動を実践していない自治体の職員も公私の双方から参加する傾向が見られる。ネットワークに参加する自治体職員のなかには、業務改善運動についての理解がまだほとんどゼロの職員もいる。そうした職員が、周りの自治体職員の熱気に感化されて、いつしか業務改善運動と実践事例報告会の重要性に気づいていく。そうすれば、その自治体で新たな業務改善運動の芽が芽生えることになる。こうしたことが確信できるほど、草の根的な業務改善のためのネットワークは自治体関係者に浸透している。

福岡市の経営管理委員会が提唱し、当時の市長、山崎広太郎の英断で実現された「DNAどんたく」の精神は、10年近い年月を経て、さまざまな自治体で開花している。こうした模索は、開花してはしぼみ、また開花するというプロセスを経るかもしれない。しかし、しぼんだ花が落とした種子は、場所を変えて確実にまた発芽する。こうした連鎖が、わが国自治体の業務改善の根底には存在している。自治体単位で開催される実践事例報告会の集大成ともいえる全国都市改善改革実践事例発表会は、2010年度

の岩手県北上市から 2011 年度には大分市で開催の予定である。北上市や大分市の全国大会に参加する自治体の取り組みは、自治体関係者の心に花開き、時には種子となって伝播していく。業務改善運動に関わる自治体関係者はこのことを強く念じ、共鳴の精神の継続という課題に立ち向かってゆかねばならない。

4 被災地の復興を目指し

　業務改善運動の全国版実践事例報告会である全国都市改善改革実践事例発表会は、2006 年度山形市、2007 年度尼崎市、2008 年度福井市、2009 年度中野区、2010 年度北上市、2011 年度大分市で開催されてきた。今後も、2012 年度さいたま市、2013 年度福岡市、2014 年度仙台市で開催が検討されている。2013 年度は、業務改善運動の発祥の地での開催であり、2014 年度は東日本大震災の被災地での開催である。

　業務改善運動には、自治体職員自らが率先して取り組む自己の意識改革という側面がある。業務改善運動発祥の地での開催や、大震災の被災地での開催は、そこに参加する自治体職員に非常に真摯な思いを抱かせるに違いない。業務改善運動に終わりはない。しかし、福岡で発祥した今回の業務改善運動の流れは、ひとまず、2014 年度の仙台市での開催を目指して、「共鳴」「コピペ」「賞賛」の絶え間のない連鎖を重ねていくことが目標となる。

Coffee Break

業務改善に取り組む山形市
市川昭男 市長

Q　業務改善に取り組もうと考えたきっかけについて

A　私が市長に就任した平成15年当時、地方自治体では行政評価システム導入の動きが全国的な流れになっていた。山形市でも平成16年度から「仕事の検証システム」を導入し、多くの職場で改善が進んだ。そのような時期に、若手職員から業務改善発表会を開催したいとの提案があった。市役所の活動は成果だけではなく、そこに至る過程も重要だと考えて、業務改善活動に取り組むことを決断した。

Q　全国大会「ALL JAPAN やまがた☆10」の開催について

A　平成17年度より4年間、山形市では「はながさ☆ぐらんぷり」と称して業務改善の発表会を開催した。この発表会の企画運営を行なっていたのは、公募により集まった若手職員を中心とする実行委員会のメンバーである。業務改善の成果を発表するためのステージを彼ら自身が自主的な活動として創り上げていたこと自体、評価に値することだと感じている。全国大会の開催は、そのような素晴らしい活動を全国に発信する絶好の機会となる。こうした想いから、第1回の全国大会を「ALL JAPAN やまがた☆10」として山形市で開催することにした。

Q　全国大会が継続的な取り組みとして開催されていることについて

A　全国大会のような取り組みは継続することで、より有益な活動になるものと考えている。それは、継続的に開催することにより多くの自治体を巻き込むことができると感じていたからだ。第2回を実施する自治体があらわれなかった場合には、再度、山形市で開催すると、全国大会開催後の懇親会にて話した記憶がある。しかし、それは杞憂に終わった。北上市で5回目を迎えたことからも、継続的な業務改善の取り組みとして全国的にも定着している。非常に喜ばしいことだ。これは第2回の全国大会の開催を決断された尼崎市の白井文前市長の英断によるところが大きい。

Q　市長の改善に対する想いについて

A　業務改善活動は、市長によってその取り組み方が変わるようなものでは

市川昭男 山形市長

ない。いかに市民が理解し賛同できる活動になっているかが重要である。職員から見て問題があることは、当然、市民から見ても問題があることだ。それを改善し、より良いものにしていくことは、誰が市長であるかに関係なく、職員として当たり前に取り組むべき問題だ。職員の皆さんには、今後とも継続的に業務改善に取り組んでいただきたい。

全国大会主催地に引き継がれる知恵ぶくろう

第2章

業務改善運動の経緯
DNA 運動を起点とする自治体業務改善

1 NPM 改革と事務事業評価

(1) NPM による自治体改革

　1990 年代に入り、地方自治体は歳入の減少と歳出ニーズの増加という行政課題に直面した。自治体は一律削減型のシーリング方式により予算削減を図り、定数削減[1]により人員の抑制を行なった。また併せて機構改革を行ない、一部一課削減などの方式により、均一的な組織数の削減にも取り組んだ。しかし、このような手法には一律であるがゆえの限界があった[2]。たとえば、高齢者対策といった需要が伸びている事業と、すでに目的を達成した事業とが一律に予算、人員等を削減されるという手法は、住民ニーズに応えた改革とはいえない。このような状況のなかで、1990 年代以降、NPM（New Public Management）に基づく改革手法が自治体改革の潮流になっていくことになった。

　NPM とは「1980 年代の半ば以降、英国・ニュージーランドなどのアングロサクソン系諸国を中心に行政実務の現場を通じて形成された革新的な行政運営理論」であり、その核心は「民間企業における経営理念・手法、さらには成功事例などを可能なかぎり行政現場に導入することを通じて、行政部門の効率化・活性化を図ること」と考えられている[3]。この NPM の考え方に基づき、日本で初めて行政改革に取り組んだ自治体が三重県である。三重県は日本のなかで最も早くから「顧客志向」や「成果志向」と

図表 2-1　三重県における改革の流れ

年代	改善改革の取り組み
1995 年	さわやか運動（職員の意識改革） マトリックス予算の作成
1996 年	事務事業評価システム導入
1997 年	『三重のくにづくり宣言』（総合計画） 発生主義会計の導入
1998 年	率先実行開始
1999 年	枠配分予算制度導入
2000 年	組織改革（チーム制の導入）

いった NPM の基本原則を経営の根幹に据えた自治体であった。

　三重県が NPM 改革に取り組むことになった契機は 1995 年の北川正恭知事の就任に遡る。北川知事は 2 期 8 年にわたる知事在任期間のなかで、生活者起点をキーコンセプトに、さわやか運動の実施や事務事業評価の導入、『三重のくにづくり宣言』の策定など、従前にない独自の改革に取り組んだ。また、マトリックス予算や発生主義会計の導入など、さまざまな改革手法を実践したが、そのほとんどが NPM の考え方に基づいたものである。三重県の当時の改革は、大蔵省から出向した村尾信尚総務局長（現在、関西学院大学教授、News ZERO キャスター）の果たした役割が大きかったことでも有名である。図表 2-1 は三重県における行政評価の取り組みを整理したものである。

(2) 事務事業評価から業務改善へ

　三重県の改革は、多くの自治体にさまざまな影響を与えた。特に強いインパクトを与えた手法が事務事業（行政）評価システムである。三重県で事務事業評価システムが導入された 1997 年度以降、2007 年度までの 10 年の間に、全自治体の 40％以上が行政評価システムを導入し、都道府県・政令市・中核市・特例市に限っていえば、その割合は 90％を超える状況

になっている。これらの数字が示すとおり、行政評価システムは90年代後半以降、時代のキーワードになった。日本におけるNPM改革の中核となるシステムは行政評価システムであったのである。

事務事業評価システムでは、直接事業費や人件費を示すコスト、それに、事業の活動量を示すプロセス指標、住民満足度をあらわすアウトカム指標などを用いて、施策や事務事業の成果を数量的に測定・分析する。このシステムの導入により、多くの自治体が従前あまり意識することがなかった施策や事務事業の成果に強い関心をもつようになった。事務事業評価は、多くの自治体職員が事務事業に取り組むうえで「市民満足度」や「費用対効果」を意識するきっかけとなった。この動きは多くの自治体のムーブメントとなり、さまざまな職場で業務改善事例が創出されるようになった。このことこそが、多くの自治体において業務改善運動や発表大会が実践される要因だったのである。

2　地方自治体業務改善の芽萌

(1) DNA運動の胎動——福岡市経営管理委員会の指摘

1998年11月15日に福岡市で行なわれた市長選の結果、盤石と思われていた現職を破って新人の山崎広太郎が当選した。この選挙結果に、文字通り市役所は震撼した。福岡市にとって、戦後初めての政変だった。「民間人をトップにした市長直属の経営管理室の設置」「民間経営手法の積極的導入」「企業会計方式や行政評価の導入」など、NPMに強く影響を受けた公約を掲げていた山崎市長は、1999年8月、市長直属の福岡市経営管理委員会を設置した。委員として選ばれたのは石原俊彦、上山信一など、公認会計士、企業経営者、経営コンサルタントなど民間企業の経営に精通したメンバーであり、委員会は外部の視点、民間企業経営者の視点に立って、市役所の仕事のあり方を見直すことになった。

2000年4月、福岡市経営管理委員会から提出された『市長への提言:

DNA2002計画[9]では「利用者の利便に対する感度が低い」「規則に縛られ、ニーズに即した運営となっていない」など、現在の市役所の仕事のやり方に対する市民の厳しい評価が紹介された。また、委員会が実施した全職員アンケートを通じて、過去に指摘された問題がいつまでも解決されずに残っていること、さらには、市職員自身はより良いサービスを提供したいと願い、より効率的な業務プロセスへの転換を切望していることなどが分かった。そして、市民も市職員も変化を望んでいるにもかかわらず、変化を困難にしてきたのは、硬直的な制度と組織風土であると指摘されたのである。

『提言』では、変えられない市役所という組織を変えるためには、職員の発想法、組織風土や文化、意思決定の仕組みなど、あらゆる場面での仕事のやり方を変革することが必要であるとし、真の課題は、改革し、チャレンジし続ける組織文化を確立することであるとしている。そして、気風、文化、制度といった組織の遺伝子レベルから変えるという意味を込めて、改革プログラムはDNA2002計画と名づけられた。この『提言』が求める新行政経営システムの全体像は図表2-2のとおりである。この図表に示された九つのハコのマトリクスは、改革戦略そのものである。ここには、NPM理論における成果志向、顧客志向、競争原理、分権化・分節化という四つの基本原理が埋め込まれており、改革対象としてタテ軸に実践運動（ムーブメント）、管理システム（マネジメント）、経営体制（ガバナンス）の三つのレベルを示し、ヨコ軸には民間経営手法の導入、市民参加／協働、自律型組織への移行という3段階の改革アプローチが提示されていた。左下から右上へと、最終的に行政が目指すべき姿としてコミュニティの自律経営が掲げられ、その出発点にDNA運動が位置づけられている。

(2) 現場発の業務改善運動

福岡市では2000年度から、600を超える課／施設単位でDNA運動が展開された。DNA運動は、「すべての職員が自らの仕事の価値と意味を認識し、課題を見つけ自ら解決を図る」もので、「D："できる"から始めよ

第2章　業務改善運動の経緯　17

図表2-2　福岡市新行政経営システムの全体像

市民の参画・監視

トップのリーダーシップ

	〈民間経営手法〉	〈市民参加／協働〉	〈自律型組織〉
経営体制（ガバナンス）	⑦コーポレートガバナンスの確立 ・経営会議＋補佐体制 ・VFM（バリュー・フォー・マネー）監査の導入 ・サービス改革委員会の設置	⑧市民自治体制 ・コミュニティの育成支援 ・公民館の活用 ・NPOの活用	⑨コミュニティの自律経営 ・本庁、区役所、コミュニティ組織（公民館、自治体、NPOなど）の自律連携ネットワークシステム ・地域の特性に合わせたサービスニーズ、財源の多様化 ・テーマ、ユーザー、地域の三つのプロデューサー役
管理システム（マネジメント）	④民間型経営システム ・経営資源のプール化、標準化（内部資源の最大活用） ・民間企業、NPO、他の行政機関へのアウトソーシング（外部資源の活用）及び戦略的提携 ・マーケットテスティング	⑤行政評価・企業会計システム ・政策評価（7区生活指標評価、局・区の戦略計画） ・執行評価（市民サービス評価、「事務事業評価」、「業務棚卸」） ・発生主義、複式簿記会計システム	⑥現場自律管理システム ・庁内分権（人、権限、予算の原課への委譲） ・区役所の自律経営 ・職員を信用するシステム
実践運動（ムーブメント）	①DNA運動 ・全課／施設長業務刷新研修（DNA研修） ・課・施設単位の目標管理（MBO） ・DNA運動支援体制（ベストプラクティス）	②行政マーケティング運動 ・プロポーザルトップ会・局長への苦情報告の直送 ・出前講座（市民との直接対話） ・パブリックインボルブメント手法（市民の積極的参加を促す仕組みづくり）	③プロポーザル運動 ・問題点の定期的な取り上げ ・プロポーザル委員会 ・プロポーザルトップ会での即決処理

職員の改革意欲

イ（民間経営手法の導入）ノベーション

う（できない、しない理由から探さない）」「N：納得できる仕事をしよう（市民の納得を自分の納得に）」「A：遊び心を忘れずに（ガチガチな考え方や対応でなく、ゆとり、人間らしさ、明るさをもって取り組もう）」を基本精神としている。

　2000年7～8月には全課長・施設長研修（DNA研修）を実施した。課長・施設長は、研修内容を持ち帰って職場ミーティングを実施し、MOVEシート[10]に沿って「我々は何のためにこの仕事をしているのか」などを議論したうえで、改善に取り組むべき具体的な課題を洗い出していった。その後、各職場で選定したテーマに沿って改善活動を実践し、2001年1月には活動経過、成果等をそれぞれ活動レポートとしてとりまとめ、2月には全庁発表大会DNAどんたくを開催することとなった。

　DNA運動の具体的な取り組み事例を見ると、多岐にわたっており、現場の自発的な問題意識の発露による多彩な展開が理解できる。また、2001年度は84の課／施設で自主的にCS調査が実施されており、特に顧客起点で仕事のやり方が変わってきたことも特徴といえる。

DNA運動の取り組み事例[11]
① CS調査に基づく窓口サービス改善…区役所窓口での申請書の様式改善、案内表示の改善、郵送申請による手続きのPR
② オペレーションの効率化・経費節減…BPRによる清掃工場の修繕費の大幅削減、下水処理場の需要管理による電力料金節減
③ ミッションの再定義による事業領域の組み替え…保育所を核とする地域の育児支援活動、食中毒発生後の事後処理から未然防止のための予防業務への大幅シフト
④ 顧客満足度の向上…輸入生鮮貨物の即日通関の実現、地下鉄最終電車発車時刻の30分繰り下げ、教育委員会による学校事務の標準化・平準化の取り組み
⑤ 職場のチームワークの醸成…定期的な勉強会やミーティングの開催

　DNA運動をサポートする仕組みもさまざまに展開された。主なものを

列挙すると以下のとおりである。

① 全庁OAシステムにDNA運動掲示板を設置（2000年度）…DNA運動やDNA2002計画全般に関する意見交換、情報提供に活用。毎月のアクセスは7-13万件を数えた。
② 庁内公募によるベストプラクティス探検隊を設置（2000年度）…若手職員を全庁から公募し、DNA運動や庁内の優れた取り組みを発掘し広く共有する取材・庁内広報活動を展開した。
③ 『DNA運動ガイドブック』の各課への配布（2001年度）…業務棚卸、市民満足度調査（CS調査）、TQM（QC活動の手法）などの各種改善手法の積極的な活用を図った。
④ DNAサポート予算を確保（2001年度）…DNA運動を推進するための枠予算（2000万円）を確保し、運動のなかで是非実施したいが、そのための予算が確保できない場合など、各課からの申請に対応した。

(3) 太陽作戦とDNAどんたく

2000年度末に、その年のDNA運動の総決算として実施されたのが全庁発表大会DNAどんたくである。DNAどんたくは、福岡市民の祭り「博多どんたく」に因んで名づけたものである。DNAどんたくの成功はこのネーミングに負うところが大きい。遊び心は職員の心を伸びやかにし、創造性を引き出してくれる。この遊び心は全国の自治体業務改善運動にもシッカリと刻印されていった。

DNAどんたくの基本コンセプトは、「優れた取り組みを発掘、共有して、褒め称えよう！」であり、開催目的は、「活動の苦労や努力を、幹部、上司、同僚が"認めて"、"褒めて"、"励まし合う"場とする」「優れた取り組み（ベストプラクティス）を発表し伝える情報共有の場とする」「実際に行動した人の話を直接聞くことにより、書面では伝えきれない思いなどを含めた、質の高いコミュニケーションを図る場とする」というものである。

写真2-1　DNAどんたくであいさつを行なう
山崎広太郎福岡市長（当時）

　DNAどんたくでは、順位づけをするのではなく、そのチームの活動の優れている点は何かに焦点を当てて表彰を行なった。イソップ童話の「北風と太陽」からイメージされる太陽作戦の実践である。たとえば、ベスト・リエンジニアリング賞、ベスト・CS活動賞、ベスト・ミッション（使命定義）賞、ベスト・プレゼンテーション賞などである。発表チームの職員は、DNAどんたくの主人公であり、参加者たちが互いに知恵と元気を与え合う場となるよう心掛けていたのである。

（4）自治体業務改善運動の全国展開

　自治体業務改善運動は、2000年度に福岡市で取り組まれたDNA運動に端を発している。1998年に福岡市では、民間企業の経営の発想や手法の導入を目的に経営管理委員会が設置された。この委員会は2000年に『福岡市経営管理計画2002』をとりまとめ、そのなかでDNA運動の推進を提案している。DNA運動は、職場レベルでの自主的な取り組みを前提としたボトムアップ型の業務改善運動である。この取り組みは上から求められ

写真2-2　DNAどんたくでの発表の一コマ

るものではなく、各職場での自主的な取り組みを背景としている。福岡市では優れた改善実践事例を発掘し、紹介し合い、褒め合うことで、改善活動のより一層の活性化を図ろうと考え、さまざまな成功事例を集約し、ベストプラクティスを全庁的に共有化するための発表会が開催された。この発表会がDNAどんたくである。

　褒め合うことは、発表会を開催する主目的の一つである。そのため、単に業務改善事例の発表だけを行なうのではなく、改善活動の実践者たちへの表彰も行なわれた。当時は、「行政が改善を行なうことは当たり前。それを面白おかしく発表し、表彰まで行なうことはいかがなものか」といったような批判もあった。[12]

　しかし、DNAどんたくが7年間にわたり継続して開催されたこと、そして、その後、趣旨を同じくする発表会が多くの自治体に引き継がれていったことなどを考えれば、DNA運動が庁内外に与えたインパクトは非常に大きいものがあった。役所の業務改善は、市民が想像するほど実は容易ではないという現状認識をもつことも重要である。

　DNA運動を契機に、業務改善運動の取り組みが、全国の自治体に広

がっている[13]。福岡市のDNAどんたくに、全国各地から多くの自治体職員が集まり、業務改善運動の必要性を感じたことが一つの誘因になったのである[14]。2003年度、業務改善運動第2世代として、名古屋市がすみやか業務改善運動を開始し、尼崎市がYAAるぞ運動をスタートさせた。そして、なごやカップ、YAAるぞカップと称して業務改善発表会を開催したのである。名古屋市と尼崎市の業務改善活動には、全庁的な取り組みとして業務改善運動を実施し、その報告会として業務改善発表会を位置づけるという福岡市のDNAどんたくと同じ特徴がある。

その後も、業務改善活動の動きは、多くの自治体に伝播していった。2004年度には、富士市がChaChaCha運動[15]を実施し、その集大成としてChaChaChaグランプリを開催している。また、この年には横浜市がハマリバ収穫祭を開催した。2005年度には、大阪市のカイゼン甲子園、札幌市の元気の種コレクションがスタートを切った。山形市のはながさ☆ぐらんぷりも、この年に産声を上げているが、これには前年度に実施したハマリバ収穫祭への職員派遣が大きな影響を与えていた[16]。2006年度以降は、北上市のPing!Pong!Pang!運動や豊橋市のやるまいええじゃないかスタジアム、福井市の改善王選手権など、数多くの自治体で業務改善運動や発

図表2-3 業務改善運動および発表会の開催状況（～2006年度）

開始時期	自治体名	運動の名称	発表会の名称
2000年	福岡市	DNA運動	DNAどんたく
2003年	名古屋市	すみやか業務改善運動	なごやカップ
	尼崎市	YAAるぞ運動	YAAるぞカップ
2004年	富士市	ChaChaCha運動	ChaChaChaグランプリ
	横浜市	―	ハマリバ収穫祭
2005年	大阪府	チャレンジ2005	チャレンジ2005取組発表会
	札幌市		元気の種コレクション
	大阪市	職場改善運動	カイゼン甲子園
	京丹後市	全庁的業務改革改善運動	TAN^{5}リンピック
	山形市		はながさ☆ぐらんぷり
2006年	北上市	きたかみPing!Pong!Pang!運動	きたかみPing!Pong!Pang!祭

表会が実施されてきた。そして、この動きは現在も続いている[17]。

これら一連の動きから理解されるように、業務改善運動の全国的な展開には、「良いものはマネをしよう」という業務改善の本質が垣間見られるのである。

3 自治体業務改善の全国大会

(1) 自治体間交流の動き

自治体業務改善活動の動きは、地域や自治体の規模に関係なく、全国的な広がりをみせている。この流れのなかで、自治体間交流の動きも活発化してきた。

当初、自治体間交流のスタイルは、業務改善活動を実施している自治体が限られていたこともあり、活動の導入を検討している自治体が、すでに実施している自治体の発表会に参加するという形で行なわれていた。そのため、福岡市のDNAどんたくや尼崎市のYAAるぞカップには、多くの自治体（職員）が参加した。彼らは自分たちの取り組みに活用し得るヒントを得るために、真剣な眼差しで各事例の発表や運営手法を見ていた。そうしたなかからは、北上市や山形市、貝塚市のように、他の自治体の業務改善運動担当者や発表会で優秀な成績をおさめた改善実践者を招聘し、職員研修を開催する自治体もあらわれるようになった[18]。このような自治体間交流の動きが、業務改善活動の全国的展開に大きく貢献していったのである。

その後、業務改善活動の実施自治体が増えていくと、実施自治体同士の交流も行なわれるようになった。たとえば尼崎市では、YAAるぞカップで優秀な成績をおさめた事例の発表者を、毎年、他の自治体の発表会に派遣している。このような自治体間交流の動きが、全国的規模での業務改善事例発表会開催の動きを加速させる一つの原動力になった。

写真2-3　ALL JAPAN やまがた☆10

(2) 全国都市改善改革実践事例発表会のはじまり

　2006年度、第1回目となる全国都市改善改革実践事例発表会（「全国大会」）が山形市で開催された。そのきっかけは2005年度に同市が開催した第1回はながさ☆ぐらんぷりに遡る。同市では、2004年度のハマリバ収穫祭の視察を機に、業務改善発表会開催への機運が高まり、2005年度当初より準備委員会を立ち上げ検討作業を進めることになった。[19]2005年度の第1回はながさ☆ぐらんぷりでは、各職場で取り組まれた業務改善事例のなかから、はながさ☆ぐらんぷり実行委員会が選抜した[20]10事例の発表が行なわれた。そしてこれと併せて、他の自治体の改善事例の発表も同時に行なわれたのである。当日は山形市の呼び掛けに賛同した7自治体8事例の発表が行なわれた。[21]

　この複数自治体を招聘して発表会を開催したことが、翌年度、同市が全国大会を開催するに至った大きな要因になった。この時山形市が築いたネットワークと蓄積したノウハウが、第1回の全国大会開催都市を決定するうえでの大きな実績になったのである。また、第1回はながさ☆ぐらん

ぷりに参加した多くの自治体（職員）が改善情報を自治体間で共有化することに大きな有益性を感じたことも、同市での全国大会開催に向けた大きな後押しになった。このような状況のなかで、2006年度、山形市で第1回目となる全国大会 ALL JAPAN やまがた☆10（スタート）が開催されることになったのである。

　全国大会については、第7章においてさらに詳述されるが、山形市での開催以降も、尼崎市のあまがさき☆14（ジューシー）、福井市の18☆（いちばんぼし）ふくい、中野区の改船（カイゼン）なかの20丸、そして北上市のカイゼン万博 in いわてきたかみ（「カイゼン万博」）へと引き継がれている。そして2011年度には、市制100周年を記念して大分市での開催が決定している。

(3) 自治体業務改善のネットワーク化

K-NET 発足

　全国大会が5年目を迎えた2010年度に、自治体業務改善に大きな動きがあった。それが、全国都市改善運動ネットワークK-NETの発足である。K-NET発足の動きは、第4回全国大会改船なかの20丸の交流会に端を発する。それまで4回にわたり開催されてきた全国大会は、年に一度の開催で、より日常的なネットワークの形式が模索されていた。そのような状況のなかで、中野区の酒井直人、尼崎市の立石孝裕、山形市の後藤好邦との間で、全国大会をサポートし、年間を通して業務改善運動を普及啓発できるようなネットワークの必要性に関する検討がはじまった。

　その後、尼崎市の吉田淳史も交え、半年間にわたり、どのようなネットワークにすべきかが4人で検討された。その過程では、後にK-NETの顧問代表を務めることになる関西学院大学の石原俊彦や各自治体の業務改善運動担当職員等に意見聴取を行ない、より良いネットワークづくりに向けた準備が整えられた。その結果、2010年11月1日にK-NETが発足したのである。

　発足当初、K-NETの構成メンバーは顧問7名、事務局員11名の18名

体制であった。なお、顧問には主に全国大会の審査員経験者が就任し、事務局員には全国大会にスタッフとして参加してきた各都市の業務改善担当（経験）者が名を連ねていた。発足以降、徐々に一般のメンバーも増え、2011年10月10日現在でK-NETの参加メンバーは70名を超えている。

K-NETの活動は現在、メーリングリスト（「ML」）による情報交換が中心となっている。メンバーであれば誰でもMLに参加することができ、日常的にさまざまなテーマについて情報交換を行なうことが可能となっている。これまでも「効率的な業務改善運動の進め方」や「業務改善に関する職員研修のあり方」などに関するテーマがML上で話題に挙がり、各メンバーの業務に活用できるような有益な意見交換が行なわれている。また、ML以外にも、定期的なニューズレターの発行などを行なっており、メンバーにとっては、業務改善に関するさまざまな情報を入手できる有用性の高いネットワークになっている。

カイゼン・サミットの開催

K-NETでは、第5回全国大会カイゼン万博開催に合わせて、業務改善をテーマにした参加型のイベントを開催した。それがカイゼン・サミットである。カイゼン・サミットの主たる目的は、業務改善運動に関するノウハウの共有にある。そして、業務改善事例の情報共有化を主たる目的とした全国大会との連動により、自治体における業務改善活動の更なるレベルアップを目指している。

初回のカイゼン・サミットはカイゼン万博の翌日に開催された。2011年3月5日のサミットには、自治体職員を中心に全国各地から100名を超える参加者が集まった。当日は、K-NETの顧問代表である関西学院大学教授の石原の基調講演にはじまり、過去の全国大会に出場した業務改善事例等の発表やワールドカフェ方式のワークショップ、そして、ワークショップの内容も踏まえたパネルディスカッションが行なわれた。

4 福岡市でもDNAの遺伝子は残った

　福岡市のDNA運動は、現場に軸足を置いた改善活動として一定の評価を得てきた一方、7年間運動を続けるなかで、現場で把握された問題意識を政策に連携させていく仕組みの弱さや、所属を越えた組織横断的な活動への広がりにくさが指摘されると同時に、職員の間で負担感、疲弊感が課題になってきたとの評価もつきまとった。そして、2007年3月末、DNA運動という形での業務改善運動は終了した。

　その後トップの明確な方針が示されないなかで、関係者によってDNA運動の遺伝子を残そうとの努力が続けられた。まず、職員表彰に「改善改革部門」が創設された。DNA運動発表大会に替えて、年末に実施している職員表彰に、新たに改善改革部門を設けた。これにより、従来は、全国規模の大会で表彰を受けた職員や、人命救助を行なった職員、長期的な事業が完了した所属や、国の制度変更などを円滑に実施した所属などに限られていた市長表彰に、日頃の改善改革に取り組んだ職員・所属が加わることとなった。

　改善改革部門の大賞の選考に当たっては、外部委員を含めた審査員による職員公開ヒアリングが実施されている。毎年、各局区や職員から40件前後の推せんが出され、書面審査により選ばれた10件について、審査員がその事例に取り組んだ職員にヒアリングをすることとし、その様子をすべての職員が自由に傍聴できるという場が設けられている。傍聴する職員は100人にも満たない程度であり、取り組んだ職員が殊更に活動内容をPRするわけではないが、審査員との短い言葉のやり取りを聞くだけで、傍聴している職員も、取り組んだ職員の熱意や苦労、その先にある喜びを感じることができる。また、庁内LANを使ったWEB投票を実施し、職員同士で評価し合う仕組みも取り入れられており、受賞した職員は、職員から寄せられるコメントに励まされている。

　福岡市ではまた、DNA運動終了後も優れた取り組みを事務局や特派員（有志の職員）が取材し、創意工夫のタネとして電子掲示板などで庁内に

紹介している。庁内報では各職場での仕事の様子や、窓口対応の極意、重要施策の考え方、幹部職員のインタビューなどを紹介することにより、組織を越えた連携の促進や、職場の一体感の向上が目指されている。

　このように福岡市では、2006年に山崎広太郎が市長を退任した以降も、職員の手によって各職場の自主的な改善改革の取り組みが行なわれ、その取り組みを職員に紹介し、お互い褒め合うことで、さらに次の改善改革につなげられるような努力がなされていた。その取り組みは内部での活動に終始し、市民や他都市にはその取り組みが見えない形となり、発信力を欠いていたのは事実であるが、DNAの遺伝子は、きちんと残っていたのである。

　そうしたなか、2010年に高島宗一郎が市長に就任した。福岡市では、改善改革事例を報道機関に情報提供したり、ホームページに掲載したりすることにより、市役所による改善改革の取り組みを市民に知らせることに力を入れはじめた。また、岩手県北上市で開催された第5回全国大会に4年ぶりに参加の際には、審査委員を務めた伊藤彬北上市長から「さすが先駆者、業務改善の福岡市のレベルの高さ、意識の高さに感心した」とのコメントが披露された。確かに、福岡市DNA運動の遺伝子は残っていたのである。

　DNA2002計画では、真の課題を「改革し、チャレンジし続ける組織文化の確立」とし、徹底して現場と個人の気づきを重視した。遊び心というこれまでの行政文化とまったく異質なものを取り入れた革新性、DNAどんたくはその象徴でもある。遊び心は職員の心を伸びやかにし、創造的な発想を生み出し、これまでのお役所文化に風穴をあけるパワーをもっている。業務改善運動は、現場に活力を注ぎ込む、永遠の活動なのである。

【注】

1　各部局が公平に職員数を減員する取り組み。
2　稲澤克祐『行政評価の導入と活用』イマジン出版、2008年、44頁。
3　大住荘四郎『ニュー・パブリックマネジメント　理念・ビジョン・戦略』日本

評論社、1999 年、1 頁。
4 　上山信一『行政の経営改革——管理から経営へ』第一法規出版、2002 年、77 頁。
5 　役所内部の縦割り予算を政策という横割りから把握できるよう格子状に分類した予算。縦割り行政特有の事業の重複や非効率をあぶり出すための情報を生み出している。会計検査情報編集部 編著『NPM 語彙集——厚さ 8 ミリの行政改革ライブラリー』官公庁通信社、2005 年、79 頁。
6 　行政評価システムは評価対象となる政策体系の階層により政策評価、施策評価、事務事業評価の 3 階層に分かれている。
7 　総務省『地方公共団体の行政評価の取組状況（平成 19 年 10 月 1 日現在）』2007 年。
8 　上山信一、前掲書、152 頁。
9 　『DNA2002 計画』については、石井幸孝、上山信一編著『自治体 DNA 革命』東洋経済新報社、2001 年を参照。
10 　MOVE シートとは、Mission、Outcome、Value、Effectiveness の頭文字をとったもので、経営学の大家 P. F. ドラッカーが提唱する「非営利組織の自己評価手法」を参考に作成したワークシートである。
11 　DNA 運動は必ずしも、経費節減や経済効率のみを追求したものではないが、この清掃工場の修繕費の削減額は 3 億 1000 万円に達する。
12 　上山信一「福岡市発、全国に広がる自治体職員の TQC 運動」『上山信一の「続・自治体改革の突破口」』第 58 回、IT PRO、2007 年。
http://itpro.nikkeibp.co.jp/index.html
13 　島﨑耕一「カイゼン運動からはじまる自治体経営革新～あなたが変われば役所は変わる～」『季刊　政策・経営研究』vol. 2、2007 年、67 頁。
14 　2003 年度から YAA るぞ運動を展開した尼崎市と 2005 年度からはながさ☆ぐらんぷりを展開した山形市の職員なども参加している。
15 　ChaChaCha は、Chance、Challenge、Change の頭 3 文字を意味している。
16 　ハマリバ収穫祭に参加した職員による視察報告会にて、「山形市でも業務改善発表会を実施したい」との声が挙がったことが、はながさ☆ぐらんぷり開催のきっかけになった。
17 　全国大会には、毎年、複数の初出場自治体が存在している。
18 　山形市では、横浜市からハマリバ収穫祭の担当部長、担当係長、そして準グランプリの受賞者を招聘して職員研修を実施している。
19 　山形市では関西学院大学の石原俊彦や尼崎市の吉田淳史を講師に招き、業務改善に関する意識やスキルを高めていた。
20 　はながさ☆ぐらんぷりの企画運営を行なう公募職員により構成された組織。
21 　福岡市、名古屋市、横浜市（2 事例）、尼崎市、西宮市、富士市、新庄市の 7 自治体である。

Coffee Break 業務改善に取り組む尼崎市 白井文 前市長

Q 業務改善運動のきっかけについて

A 2003年当時の尼崎市は、5年間で800億円の収支不足が見込まれる危機的な財政状況にあった。行財政改革の反動で、組織としての元気や原動力が失われてしまうのではないかと危惧していた。そこで「業務改善は負担ばかりではなく、自分たちも仕事がしやすくなり、市民サービスの向上にもつながるという意識をもってほしい」「トップダウンによる取り組みだけではやらされ感で疲弊してしまう。現場発のボトムアップで取り組むことで、組織の力を高め、発揮していこう」と提案した。

Q 実際に取り組んでみて

A 多くの職員が懸命に取り組んでくれた。取り組みを通じ自信をもつ職員が増え、職員が協力することで信頼関係が深まり、地域や他の自治体職員と協働で取り組むことで、仕事の幅や価値観が広がった。役所の外部から市長に就任したため、現場の人との接点をもつ良い機会にもなった。業務改善運動がなければ、職員との距離が縮まるのにもっと時間がかかっただろう。

他の自治体の首長にも、この「距離感」を伝えたい。また、「職員の皆さんに市民目線で業務を行なっていただけるように」と考えた。その際、いくら言葉で発信しても、伝わらないこともあるが、業務改善運動を通して理解し合え、共感できる部分が非常に多かった。市長職は日々の業務に埋没してしまいがちであるが、現場と一体となって取り組むことができたのは、職場訪問の設定をはじめ、業務改善運動の事務局が骨身も惜しまず、現場とのパイプ役として、バックアップしてくれたおかげだ。業務改善運動は、単なる事務の効率化や経費削減だけではなく、組織にとって大切なものを創り出す活動である。

Q 業務改善運動のゴールは

A ゴールはない。「いつまでやるのか？」と聞かれるが、答えは当然「いつまでもやり続けなければダメ」。民間なら当たり前に改善を続けている。「ここまでやれば良い」ということはない。続けることは大変だが、仲間と一緒に取り組む楽しさ、成果を上げたときの喜びや達成感を思い出すべきだ。また、運動をはじめたときの気持ちや考え方をともすれば忘れがちであるが、取り組む

白井文 前尼崎市長（右）

べき課題は常にある。原点に立ち戻って継続してほしい。自治体職員は「他の優秀な事例をマネする」ことにあまり積極的ではないと感じている。しかし、業務改善運動については、各地の自治体が次々と取り組みをはじめ、自治体間の交流も行なわれている。各自治体とも今後ますます活動を継続・発展させてほしい。継続することで優れた取り組みが生まれる。やめることなく、続けていってほしい。

Q 業務改善運動に関わる職員にメッセージを
A 業務改善運動に積極的に取り組むことはもちろん、特に若手職員には是非、実行委員になってほしい。公務員は優秀でまじめな人が多い。しかし、さまざまな価値観に触れ、多様な考え方を知るためには別の努力が必要である。年齢層や職場の壁を越えて議論し行動できる機会は貴重で、自分の懐を深くし、多くの引き出しを作ることになる。若い頃から組織の壁を越えて人脈を作っておくことも大切だ。中堅以上の立場になったときに、そうした経験が生きてくる。

第3章

地方自治体
業務改善運動のパターン

　2000年に福岡市で実施されたDNA運動から10年が経過した。本章では、この10年間に広がりをみせた業務改善運動のパターンを整理し、業務改善運動を推進する効果的な取り組みと事例を紹介する。分析対象は章末資料「業務改善の目的」に挙げた26団体を含む33団体である。パターン化作業では、全国都市改善改革実践事例発表会（「全国大会」）に参加した自治体を中心に、各自治体のパンフレット・行財政改革大綱・HPなどを参考とした。それぞれの地方自治体の置かれている環境や状況によって、取り組みの目的や手法は異なる。本章ではそれらを類型することで、新たに業務改善運動に取り組む自治体に有用な示唆を提供する。

1　業務改善運動の類型

　現在、業務改善運動を実施している自治体は、大きく二つに類型できる。第一は、福岡市のDNA運動を出発点とした、民間企業のQC（Quality Control）運動またはBPR（Business Process Reengineering）に相当する「改善運動モデル」、第二は、従来から多くの自治体で実施されていた職員提案制度[1]に発表会という形式を加えて発展させた「改善提案モデル」である。業務改善運動を実施している自治体の多くは「改善運動モデル」に該当する。

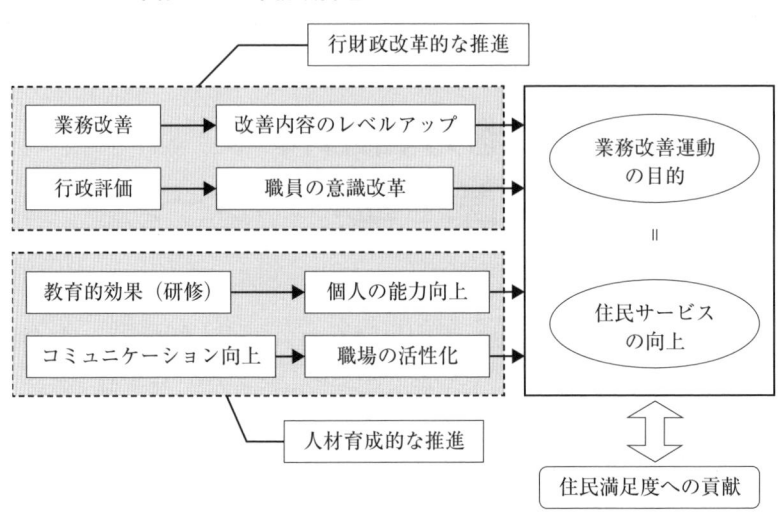

図表 3-1　業務改善運動における二つのアプローチ

[図: 行財政改革的な推進として「業務改善→改善内容のレベルアップ」「行政評価→職員の意識改革」、人材育成的な推進として「教育的効果（研修）→個人の能力向上」「コミュニケーション向上→職場の活性化」が、業務改善運動の目的＝住民サービスの向上につながり、住民満足度への貢献となることを示す図]

(1) 目的

　業務改善運動の目的には、サービスの向上、組織（改善）風土・組織の活性化、職員の意識改革、自主性・主体性の向上、創意工夫、業務の効率化、改善事例（情報）の共有、コミュニケーションをキーワードとしてあげることができる。多くの自治体が全職員参加を前提にした業務改善運動の視点で目的を設定しており、これらは、行財政改革推進型、人材育成型、双方を備えた行財政改革推進・人材育成融合型の三つに分類することができる。[2]

(2) 事務局

　業務改善運動の事務局は、行財政改革部門、人材育成部門、企画部門の三つに分類することができる。図表3-2が示すように、業務改善運動の事務局を担当するのは、行財政改革部門が大半を占めている。名古屋市、川崎市では行財政改革部門から人材育成部門に業務改善運動の事務局を移

図表3-2　業務改善運動の事務局担当部門[3]

行財政改革部門	人材育成部門	企画部門	その他
22	6	2	3

している。名古屋市では2007年に人材開発室が新設されたことにより、また、川崎市では2010年に人材育成課に業務改善運動の事務局を移した。

(3) 運営方法

業務改善運動の運営方法は、事務局が中心に推進している自治体（「事務局形式」）、実行委員会を設置し、実行委員会が中心となって推進している自治体（「実行委員会形式」）の二つに大きく分けることができる。

事務局形式は、業務改善運動の進捗状況を管理しやすく、統制などが取りやすいが、現場職員と担当事務局との間に壁が生まれやすい。実行委員会形式は、広くさまざまな部署の職員を実行委員として参加させるため、広く組織横断的に業務改善運動を推進することができる。さらには、事務局側に届かないような職員の意見も、現場職員に身近な実行委員は取り込むことができる。

このほか丹波市のように、事務局を置かずに、あくまでも職員有志の自主研究グループとして業務改善運動に取り組んでいる自治体もある。[4]大分市では、「大分市カイゼン運動の実施に関する要綱」を作成し、カイゼン運動推進サポートチームの位置づけを明確にしている。各職場から企画課長へ提出された「カイゼン提案書」をカイゼン運動推進サポートチームが、提案者と協議し、必要に応じてさらに有用な案に改良している。[5]

(4) 職員参加の方法

職員参加の方法は、業務改善に取り組む職場（グループ）を募集して、参加を呼びかける自治体（「エントリー制」）と、各職場で少なくとも一つ

テーマを設定して全職員で業務改善に取り組む自治体(「全職場参加制」)の二つに分けることができる。

エントリー制は、強制ではなく、職員の自主性に重点を置いていることから、職員に「やらされ感」はなく、改善リーダーの育成も期待できるが、一部の職員だけの取り組みに終わる可能性があり、業務改善運動に無関心な職場への対応などの課題が残る。全職場参加制は、すべての職場で改善運動を実施するため、業務の改善だけでなく、職場風土の改善にもつながるが、一方で、改善運動の実施を義務づけることから、職員にやらされ感を抱かせ職員の反発が生じる場合がある。

(5) ポートフォリオ・マトリックス

図表3-3では、業務改善運動のタイプが運営方法(実行委員会形式・事務局形式)と参加方法(エントリー制・全職場参加制)の区分からマトリックス上の四つのタイプに分類されている。

運営方法が実行委員会形式で、参加方法がエントリー制の業務改善運動を自発型タイプとする。具体的な自治体としては、尼崎市、柏原市などである。また、運営方法が実行委員会形式で、参加方法が全職場参加制の業務改善運動を協働型タイプとすると、具体的な自治体としては、山形市、北上市などがある。

運営方法が事務局形式で、参加方法がエントリー制の業務改善運動を育成型タイプとする。具体的な自治体としては、福岡市、名古屋市などであ

図表3-3 業務改善運動のタイプ

		運営方法	
		実行委員会形式	事務局形式
参加方法	エントリー制	自発型タイプ (尼崎市、柏原市など)	育成型タイプ[6] (福岡市、名古屋市など)
	全職場参加制	協働型タイプ (山形市、北上市など)	統制型タイプ (富士市など)

る。運営方法が事務局形式で、参加方法が全職場参加制の業務改善運動を統制型タイプとすると、具体的な自治体としては、富士市などがある。

　各タイプ別に考察していくと、自発型タイプは職員個人の内に秘めている能力や志を表に出させる場合に有効であり、協働型タイプは全職員が参加することから職場風土の改善を目的とする場合に有効と考えられる。育成型タイプは職員研修と連携を取りながら人材育成や改善意識の醸成を図る場合に有効であり、統制型タイプは行政評価などの連携を取りながら業務改善を推進していく場合に有効である。

(6) 創意と工夫

　多くの自治体では、業務改善運動の目的に取り組み姿勢や方針などを印象づける創意と工夫を盛り込むことで、職員や住民にも非常にわかりやすく、親しみを持てるような工夫がなされている[7]。業務改善運動のネーミングや発表大会名にそのキャッチフレーズを利用している自治体も多い。そのキャッチフレーズで業務改善運動を組織風土に浸透させようとする工夫は効果的である。これらは、先進自治体である福岡市のDNA運動、尼崎市のYAAるぞ運動および名古屋市のすみやか業務改善運動の良い事例を取り入れたものといえる[8]。また、図表3-4に示すDNAどんたくの趣旨は、関係者に多くの共感をもたらした。

　業務改善運動を推進していくためには、トップマネジメントの関与も重要である。トップマネジメントの関与として、首長のマニフェスト[9]、行財政改革プランおよび人材育成プランの計画等が考えられる。計画がきっかけとなって、業務改善運動に取り組みはじめた自治体も多い。他方で、当初は現場主導でスタートしたケースも多い。山形市の業務改善運動では、企画調整課行政評価係の主体的な取り組みから運動がはじまった[10]。丹波市や柏原市のように職員有志による実行委員会の活動から、全庁的な業務改善運動に展開した例もある[11]。大分市では、自主研修制度を活用して先進自治体の視察を行ない、その報告から首長をはじめとするトップマネジメントを動かし業務改善運動に到達した[12]。

図表 3-4　DNA どんたくの概要

> 　今回の第 1 回 DNA 運動発表大会「DNA どんたく」は、初年度の DNA 運動の総決算として、各チームが自らの活動を発表する場として開催したものです。総勢 21 チームが出場し、発表を行いました。加えて、書面参加の 48 チームが会場に書面を掲示し、エピソードを披露しました。
> ■基本コンセプト：優れた取組を発掘、共有して、褒め称えよう！
> ■開催目的：
> ・活動の苦労や努力を、幹部、上司、同僚が「認めて」「褒めて」「励まし合う」場とする。
> ・優れた取組（ベストプラクティス）を発表し伝える情報共有の場とする。
> ・実際に行動した人の話を直接聞くことにより、書面では伝えきれない思いなどを含めた質の高いコミュニケーションを図る場とする。

（出所）第 1 回 DNA 運動発表大会配布資料

図表 3-5　業務改善運動のきっかけとなる計画

福井市	マニフェスト「ふくい『誇りと夢』プラン」（2006 年）
尼崎市	施政方針「夢、アシスト、あまがさき。」（2003 年） マニフェスト「未来につなぐ、チャレンジ 30」（2010 年）
福岡市	ＤＮＡ 2002 計画（2000 年）
名古屋市	行財政改革計画（2001 年）
磐田市	磐田市行財政改革大綱（2005 年）
貝塚市	貝塚市行財政改革実施計画（2008 年）

2　事務事業評価との連動

　業務改善運動のパターン化に関して一つの特徴を示しているのが、事務事業評価と業務改善運動を連動させた富士市の ChaChaCha 運動（チャチャチャ運動）である。ChaChaCha 運動は、2004 年からスタートし、2007 年までの間、総務省ホームページ[13]や複数の雑誌[14]にも紹介されるなど、特色のある取り組みが行なわれていた。

(1) ChaChaCha運動の概要

ChaChaCha（チャチャチャ）という名前は、英語のChance（チャンス）、Challenge（チャレンジ）、Change（チェンジ）の頭3文字（Cha）から由来したものであり、富士市では改革の3拍子の意味も込めて、「あらゆる機会を生かして、とことん挑戦し、変わっていこう！」を運動のコンセプトにした。活動の範囲は、市役所だけでなく、幼稚園、保育園、消防、病院など、富士市のすべての公共機関で運動が展開され、組織単位で職員全員が参加するスタイルとなっている。

活動の単位は、市役所の場合、各職場の係相当の単位で行なうことを基本としているが、職場内で共通の目標や課題がある場合は、複数の係で一緒に取り組むこともできた。また、すべての職場から、運動の推進リーダーとしてChaChaCha運動推進委員を選出し、年度当初には、外部講師を招き改善手法や職場内のコミュニケーション技法を学ぶ研修を行なった。

年度末には、部長推薦によって選抜された優秀な改善事例を発表する場としてChaChaChaグランプリが開催された。そして、優れた改善事例、実践者を職員全員で褒め称え、職員間で情報共有し、自らの職場の業務改善の参考としたのである。

(2) 業務改善運動と事務事業評価

富士市では、ChaChaCha運動をはじめた頃とほぼ同時期に事務事業評価を導入した。この取り組みでは、評価シートを作成してもそれがうまく活用されない、また、評価シートの作成自体が目的となってしまうことなどが課題となっていた。評価の結果、改善すべきものを発見できたとしても、改善には1人の力でできる改善から、複数の職員を巻き込まなければならない改善までさまざまなものが存在し、全職員が一丸となって取り組める原動力のようなものが必要であるという課題がみえてきた。

事務事業評価については、自己評価でお手盛り的な要素を含み、職員に

もやらされ感を抱かせるマイナスイメージがある[15]。そのため、多くの自治体では、業務改善運動と事務事業評価を切り離し、業務改善運動には職員に強制的な感じを抱かせずに、自発的な取り組みを促すものがみられる。しかし、富士市では事務事業評価シートで記載した改善計画の具体的な行動を業務改善運動で補完することで、事務事業評価と業務改善運動を連動させることを試みた。事務事業評価と業務改善運動の関連性を深めることで、業務改善運動が行政経営（NPM）を推進するうえでの一翼としての役割を明確にする意図があったからである。

富士市の取り組みは、ChaChaCha運動で掲げる三つのキーワード（Chance、Challenge、Change）を新たな視点とし、PDCAサイクルのうち三つの段階（Plan（計画）、Do（実施）、Action（改善））の結果を評価するという発想とも連動している。具体的には、Plan（計画）は、改善を行なう必要のある時宜を得たテーマであったかというChance（機会）の視点、Do（実施）は、高い目標をもって果敢に挑戦していたかというChallenge（挑戦）の視点、Action（改善）は、改善の効果があったか、横断的に効果が広がったか、職員の意識は変化したかなどのChange（変化）の視点で検証することになる。富士市ではこの三つのキーワードを使った評価を、発表会の審査基準にも活用しており、それぞれの視点で評価した賞（Chance賞、Challenge賞、Change賞）が定められていた。

【注】

1　島﨑耕一「カイゼン運動からはじめる自治体経営革新～あなたが変われば役所が変わる～」『季刊　政策・経営研究』vol.2、2007年、66頁。業務改善運動と職員提案制度の違いを「業務改善運動は、単なる提案にとどまらずすでに改善策を実践している点において大きな違いがある」としている。

2　業務改善運動の目的から分類した区分である。富士市は、行政評価システムと業務改善運動がリンクしており、事務事業評価において業務の効率性や有効性を追求した質的改善を目的としている。富士市の業務改善運動は人材育成型、行財政改革推進型の双方向からのアプローチをとっている。

3　業務改善運動の事務局が、行革・行政評価の事務を担当している自治体は、行

財政改革部門とした。行革・行政評価を担当する部署とは別に政策・企画担当があり、業務改善運動の事務局を担当している自治体（所沢市・川西市）は、企画部門とした。行財政改革部門、人材育成部門、企画部門のすべての事務を担当する自治体（有田川町）は、その他に分類している。

4　業務改善発表大会の会場使用料などは、研修経費より公費負担しているが、他の費用は、原則、職員有志の持ち出しで運営している。

5　『大分市カイゼン運動（カイゼンの匠運動）平成21年度活動報告書』。
http://www.city.oita.lg.jp/www/contents/1269404022087/activesqr/common/other/4bac6209002.pdf

6　名古屋市は、新規採用者研修、2年目職員研修、職場改革実践研修などの研修と業務改善運動が結びついている。

7　業務改善運動名、発表大会名だけでなく、大会のロゴマークやキャラクターを作るなどの工夫がされている。

8　業務改善運動に取り組む利点として、さまざまな自治体や部署で行なわれている良い事例を真似るという考え方がある。また、尼崎市のYAAるぞカップでは、図表3-4のDNAどんたくの開催目的の3項目に「いい取組をマネする」を加えた開催目的としている。

9　福井市では、マニフェストの実現として、職員による施策の庁内コンペ実施や創意工夫を凝らしたゼロ予算事業の展開に取り組んでいる。また、尼崎市では、稲村市長が、マニフェストのなかで、白井前市長の流れを引き継ぎ、「職員による全庁的改革改善『YAAるぞ運動』を引き続き推進します」という記載がされている。

10　大泉信一「小さな改革から大きな改革へ——業務改善改革運動」『地方自治職員研修』No.40、公職研、2007年、61頁。

11　門馬淳「特集 チョイ革運動で業務改善——職場対抗のダービー開催で競争も——全庁的な相乗効果に期待」『地方行政』第10095号、時事通信社、2009年、16-18頁。丹波市・柏原市の業務改善運動発表大会は、勤務時間外に開催しており、職員の自主的な取り組みとなっている。

12　2012年3月2日に、大分市にて、第6回全国都市改善改革実践事例発表会が開催される予定である。

13　総務省行政評価局政策評価官室『地方公共団体における行政評価等の取組に関する調査研究報告書——測定のための指標を中心として』、2007年3月、42頁。詳細は、以下のアドレスで公表されている。
http://www.soumu.go.jp/main_sosiki/hyouka/seisaku_n/pdf/houkoku_1803.pdf

14　ChaChaCha運動の取り組みは、以下のとおり、多くの文献で紹介されている。「独自の行政評価システムとシンクタンクで、市民に軸足を置いた市政運営」『ガバナンス』ぎょうせい、2005年5月号、96頁。「ChaChaCha運動で、持続的に成長する組織を目指す」『ガバナンス』ぎょうせい、2008年2月号、47頁。「市民

重視の行政経営システムへの転換〜事務事業評価に ChaChaCha 運動をリンクさせ業務の質的改善を推進〜」『行政経営の現場』No. 10、官公庁通信社、2005 年 6 月、4 頁。「小さな改善〜大きなヒント① 富士市 ChaChaCha グランプリ 2004 上位 2 チームに学ぶ」『行政経営の現場』No. 13、官公庁通信社、2005 年 12 月、16 頁。「石原教授のトップ・マネジメント・インタビュー第 6 回」『行政経営の現場』No. 14 官公庁通信社、2006 年 2 月、20 頁。

15　石田晴美『地方自治体会計改革論』森山書店、2006 年、231 項。行政評価制度の導入の課題の一つに「評価作業の負担の軽減と職員の理解を得ること」をあげ、「新たな制度の導入による事務量の増加に対し、職員が『無駄なことをやらされている』という負担感だけを持つことがないように、評価作業の負担を軽減する工夫を行なうと同時に職員に行政評価制度の必要性を十分に理解させることが重要である」と指摘している。

資料　地方自治体業務改善運動の目的

福岡市（DNA運動／DNAどんたく：2000～2006年）
　すべての職員が自らの仕事の価値と意味を認識し、課題を見つけ自ら解決に取り組む運動。市役所の隅々まで活力の溢れる組織風土・やり甲斐のある職場づくりをめざす。

尼崎市（YAAるぞ運動／YAAるぞカップ、普通ニ改善大発表会、3rdステージ大発表会：2003年～）
　すべての職員が、職場の課題を見つけ、自ら積極的に課題の解決に取り組み、業務の改革改善につなげていく力を高め、職員の意識改革のきっかけとするとともに、チャレンジし続ける職場風土を醸成する。事例発表会は、改善に取り組んだ職員のノウハウだけでなく熱意を「共有」し、来場者が自治体の業務改善の本質に気づき、自らの職場にて、効率的な行政運営と不断の改善改革に取り組むといった「共鳴」を起こすことを目的とする。

名古屋市（すみやか業務改善運動／なごやカップ：2003年～）
　職員一人ひとりがやりがいを感じていきいきと仕事に取り組み、意欲をもって常に改善を行なう市役所をめざして、さわやか市民サービス運動、すみやか業務改善運動、すこやか風土改革運動などの改革改善運動をすすめ、市政の質的な転換を図る。

静岡市（業務改善提案制度／KAIZEN事例発表会：2003年～）
　職員それぞれが担当する業務に問題意識をもって取り組み、課題・問題を共有しながら、職場および組織全体の事務の効率化や活性化を図る必要がある。そこで、業務改善に関する職員の着想について自由な提案を募り、これを業務に反映させることにより、職員の志気の高揚、業務能率の向上を目指すことを目的に業務改善提案を行なう。
- 実績提案：各課で実施した事例で、改善効果が認められたもの
- アイデア政策提案：実現性を有し、将来的に施策反映が見込まれる自由なアイデアを求めるもの

富士市（ChaChaCha運動／ChaChaChaグランプリ：2004～2007年）
　仕事の目的、目標や改善方法を明確にして職場全体で業務改善に取り組むことにより、市民サービスの向上、職員の意識改革を図る。ChaChaChaとは、

Chance（機会）、Challenge（挑戦）、Change（変化）の三つの単語の頭文字をとり、改革の3拍子の意味を含む。

中野区（おもてなし運動／おもてなし運動発表会：2004年～）
　中野区に関わる一人ひとりにとって満足度の高い区役所を作る。
　（行動目標）
　　お：お客様一人ひとりの身になって一歩踏み込んで考えます
　　も：目標に向かって、持てる力を最大限に発揮します
　　て：手際よく丁寧な対応に徹します
　　な：何事もわかりやすく責任をもって説明します
　　し：新鮮かつ柔軟な発想で取り組みます

横浜市（ハマリバ収穫祭：2004～2008年）
　優れた改革改善事例や積極的な改善の取り組みを全庁的に共有すること、また改革・改善が「当たり前」に行なわれる「職場風土」をつくることを目的とする。

所沢市（有言実行宣言／有言実行発表会：2004年～）
　一人ひとりの職員が創意工夫を行ない、前向きに改革改善に取り組むことで、限られた資源を活用して市民サービスの向上を図る。さらに、主体的な業務改善を全庁的な取り組みとして広げていくために、各所属が実施している優れた事例を紹介し、活動内容や工夫した点などを共有する。

京丹後市（全庁的業務改革運動／TAN[5]リンピック、心くばり市役所づくり運動：2005年～）
　すべての職員の自主的・主体的な取り組みを奨励し、個々の職員の力を結集し、全体的な取り組みとして業務改革・改善を行なうことで行財政改革を力強く推進する。この取り組みを通じて、職場環境や業務プロセスの改善による職員の意識を高め、組織を活性化し、市民サービスの向上を目指し続ける組織に変革していく。

札幌市（元気の種コレクション：2005年～）
　職員の創意工夫の取り組みは、札幌を元気にする「種」。日ごろの取り組みや研究の結果である「種」を集め、共有する（撒く）ことで「芽」が出る。その種を他の職場へ「株分け」することで、さらにその種が芽を出し、花を咲かせ、実をつける。「種コレ」は、職員の創意工夫による先進事例などを広く共有し、各職場において取り入れるきっかけとするための発表会を開催する。

大阪市（職場改善運動／カイゼン甲子園：2005～2007年）

職員一人ひとりが自分の仕事を見つめなおして課題を自ら発見すること、そして実務を担う職員がリーダーとなって職場全体で議論し、創意工夫を凝らして改善し続けるムードを高めていく。
- 改善の事例発表を通じて、職員の更なる技能と士気の向上を図る
- 改善によって行政サービスの向上につなげる
- 優れた改善事例の共有によって、「改善することが当たり前」の風土を組織に根付かせる
- 職員の意識改革のきっかけとする

山形市（はながさ☆ぐらんぷり：2005～2008年）

職員の創意工夫により開発された業務の改善改革実践事例のなかで、優れた成果を上げた事例を顕彰し、職員のやる気の高揚と改善情報の共有化を図り、各職場での効率的な行政運営に向けた改善のヒントとするとともに、不断の業務改善につなげていくことを目的とし実施することとする。

福井市（改善王選手権・改善王「職員の知恵袋」：2006年～）

職員のマンパワーを最大限に活用しながら、創意工夫を凝らした事業展開や業務改善を積極的に進めるため、職場での業務改善や業務過程を見直す「BPR運動」を実施し職員力の向上を図る。

豊橋市（やるまい ええじゃないか！／やるまい ええじゃないか！スタジアム：2006～2008年）

各職場での市民サービスの向上や効率的な業務執行を行なうために、市が行なった業務改善実践事例を共有し、職員の改善意識の向上を目指す。
- 市民サービスの向上や効率的な業務執行を行なう、職員の創意・工夫による改善実践運動
- 改善したことを明らかにし、全庁的に情報共有するとともに、改善実践を職場全体で支え、助け合う、改善風土を育てる運動
- 周りからの指摘による改善ではなく、自分で自分の仕事を見直し、改善していく運動

磐田市（一係一改善運動：2006年～）

行財政改革で市役所を大きく変えるとともに、職員の創意工夫で、日々の業務をよりよく変えていくため、全庁的な業務改善を推進する。改善事例の共有と改善に取り組む組織風土の醸成を図り、もって市民サービス向上、事務効率化、経費節減に全職員で取り組む。

北上市（きたかみ Ping!Pong!Pang! 運動／きたかみ Ping!Pong!Pang! 祭：2006 年～）
　各職場（各職員）がそれぞれ担当する業務において、業務の効率化や職場の活性化、そして市民サービスの向上を目指して、職場の状況や必要性に応じて自主的に取り組むことを基本とする。
　Ping!　仕事の改善点に「ピン」と気がつく人材づくり
　Pong!　アイデアを「ポン」と出せる気軽に話せる環境づくり
　Pang!　思わず「パン」と手を叩く改善内容

丹波市（バリ 3 運動／バリ 3 ダービー：2007 年～）
　日常業務における小さな気づきや改善課題を、職場全体で共有、共感、共鳴し、改善の輪を広げる。

柏原市（かしわらチョイ革運動／チョイ革ダービー：2007 年～）
　市民サービスの向上や事務の効率化、コスト削減、職員の意識改革を図ることを目的とし、職員の創意工夫による業務改善を明らかにし、全庁的に情報を共有することによって助け合い、市役所を良くしようという改善風土を育てる。

京都市（全庁"きょうかん"実践運動／トライ！ 京舞台：2007 年～）
　職員一人ひとりが市民感覚、市民目線に立ち自主的に、また、積極的に活動することにより、職員の意識改革と職場風土の刷新を図る。"きょうかん"とは、「全職員が共に汗し、共に感じ、共に歓びながら業務改善等に取り組む」ことを意味する。

岡崎市（業務改善運動／OK グランプリ：2007 年～）
　市民本位の良質な行政サービスを提供するため、職員の創意・工夫による改善への取り組みを推進し、かつ、各職場での改善状況を全庁的に情報共有することで職員の更なる改善意識の向上を図る。OK グランプリを行なうことで、改善事例の他の部署への波及や改善意識の醸成を図る。

浜田市（M-1 グランプリ／M-1 グランプリ成果発表会：2007 年～）
　行政課題が複雑化、高度化、多様化するなか、主体的に課題を見つけ、解決した職場や職員を正当に評価することで、業務に対する動機づけを高めるとともに、主体的に業務改善等を考えるような人材育成、組織改革醸成を図り、業務の効率化、職場活性化、市民サービスの向上を図る。

貝塚市（ATTACK 運動／アタック No. 1 グランプリ：2008 年～）
　職員の自らの意思により、市民サービスの更なる向上や創意工夫による効率

化・省力化、職場環境の改善など、各職場における業務の改善を推し進めることにより、市民満足度と職員満足度を高める。
A：明るく
T：楽しく
T：チームワークと
A：遊び心をもった
C：チャレンジ
K：改善しよう！貝塚市

川崎市（チャレンジ☆かわさき選手権：2009年～）
　職員一人ひとりが、業務を行なうなかで「考え」「改善・研究」した取り組みについて、アイデアを共有し、市政運営における改善の取り組みを促すとともに職員の挑戦する気持ちおよび改善意欲の向上を目的とする。また、各職場で実践している事務改善の取り組みや研究成果等の発表の場を通じて、改善意欲の向上などのさらなる意識改革につなげるとともに、庁内の一層の効率的な運営に資することを目的とする。

さいたま市（一職員一改善提案制度／さいたま市グッドアイデア選手権：2009年～）
　職員の意識改革を促し、職員の行動を変え、常に改革・改善を実践し続ける組織風土を確立することにより市民満足度や市民サービスの向上を目指す。
・　職員提案（職員が電子メールで直接市長に提案できる制度）
・　業務改善

春日井市（"KAえる"グランプリ／"KAえる"フェスティバル：2009年～）
　各課における身近な業務改善の取り組みを推進し、その成果や手法等の優秀な事例の発表と表彰を通じて、他部課への水平展開を図る。

大分市（カイゼンの匠運動／匠グランプリ：2009年～）
　職員が自らの業務や職場環境等における課題や問題点を見つけ、自ら実践して改善することにより、市民サービスの向上や業務の効率化、職員の改革意欲の高揚などを図る。「匠」とは、「た：楽しく」「く：工夫して」「み：みんなでカイゼン」の頭文字からネーミングしたもので、職員一人ひとりが職場の課題を見つけ、自ら積極的に課題解決に取り組み、「市役所職員の匠＝プロ」になることを目指す。

Coffee Break
幻の第1回 全国都市改善改革実践事例発表会

　2004年度には、第5回福岡市「DNAどんたく」、第2回名古屋市「なごやカップ」、第2回尼崎市「YAAるぞカップ」が開催された。その頃「DNA運動」の担当者であった福岡市の奥田一成と尼崎市の吉田淳史は、自治体業務改善運動の全国大会の開催について語り合っていた。大会名称も仮称であったが「DNA・カップ・やあるぞ＋（プラス）」と固まっていた。3市の発表大会の名称をとり、それ以外の自治体にも参加を呼びかけ、輪を広げていこうという思いを込めた名称である。吉田と奥田が骨子のたたき案を作成し、名古屋市の担当者にも呼びかけを行ない、各市で内部調整が進められようとしていた。

　尼崎市では2005年の3月中旬に、全国大会の実施について市長まで了解を得ていた。その過程で当時市長の白井文からは「第1回の開催は、是非とも、福岡市で」という示唆があった。そのことを関西学院大学の石原俊彦に相談したところ、「第1回は福岡で決定、第2回、第3回は名古屋と尼崎で、くじ引きで決めてはどうか」との提案があった。また、福岡での開催時期についても、2005年7月8日で調整することにし、吉田は奥田にメールを送った。奥田は即座に「第1回目を福岡市で！という話は大変ありがたく、みんな喜ぶと思います。早速、7月開催に向け、具体的に取り組みを進めます」とのメールを吉田に返信した。

　しかし、メールを受けた2日後の2005年3月20日、最大震度6弱の福岡県西方沖地震が発生した。7月の開催は見送られ、自治体業務改善運動発祥の地、福岡市での全国大会開催は幻に終わった。2年後の2007年2月7日には山形市の市川昭男市長の決断により、第1回目の全国大会が山形市で開催された。

第4章

出張なんて初めてですわ

1 会葬者に不快感をいだかれない斎場にしよう
　　――名古屋市立八事斎場

(1) 炉数と火葬件数日本一の八事斎場

　八事斎場は名古屋市唯一の火葬場である。昭和45年竣工の古い施設で、最後のお別れをする告別室も火葬後にお骨を拾う拾骨室もない。そのため、火葬前の最後のお別れ、火葬後の拾骨、拾骨後の台車の清掃もすべて火葬炉前の狭いスペースで行なわなければならない。

　この斎場には火葬炉が46基あり、火葬件数は1日平均70件（年間約2万1000件）、冬場の休業日の翌日には92件の火葬がある日本一の斎場である。最も多い時間帯には、30分ほどの間に20組のご遺族が到着し、何台もの霊柩車がほぼ毎日受付に並ぶ状況である。施設自体が古く、しかも不十分であるにもかかわらず、多くの火葬を行なわなければならない過酷な条件のなかで作業がなされており、多くの問題点をかかえていた。

(2) 会葬者の生の声

　問題点のなかでも深刻であったのが、「炉入れ前の最後のお別れをしている横で清掃がはじまり、大きな音のために落ち着いてお別れができなかった」「拾骨後に残ったお骨が真空掃除機に吸い取られてしまい悲しかった」「拾骨後に残されたお骨がそのまま放置されていて、よそ様のお骨も見放

題。娘のお骨もよそ様にじろじろ見られるのかと思うと悲しさを通り過ぎて情けなかった」というようなご遺族の切実な声である。八事斎場には、こうした投書やインターネットへの書き込みが幾度となく届けられた。

(3) 改善の胎動

　火葬場で火葬業務を担う職員は専門職である。就職してから退職するまで、転勤することなく、ずっと八事斎場で火葬に従事している。今では選考だが古くは縁故採用で、技士集団は家父長的な歴然とした上下関係のもとにあった。しかも、技士の上司である事務職の斎場係長や所長は、2〜3年で転勤しているため、現場のことにはなかなか口を出せず、火葬件数の増加とあいまって、問題がより重大化していった。しかし、市民の立場に立った行政サービスが叫ばれるなか、八事斎場でも少しずつ改善の機運は高まっていった。平成14年から使用火葬炉の割り振りを行なう際に、事務用の衝立を利用することで清掃作業や拾骨の場面を目隠しする取り組みがはじめられたのである。

(4) 改善の試行錯誤

　平成17年4月に斎場係長に赴任した中野勝宏は、斎場の様子を見てびっくりした。床は白く薄汚れ、清掃道具はご遺族の目に入る場所に置かれるような状態で清掃作業が行なわれており、2回目の火葬の受け入れに間に合わないことを恐れ、ご遺族に見られることをやむを得ないとしていた。また、拾骨後の火葬台車は、清掃作業に入るまで他のご遺族にお骨が見られることもやむを得ないとして、そのまま放置されていた。
　しばらくして中野は、友人から「八事斎場で祖母を火葬していただいたことを後悔している」と告げられ、大きなショックを受けた。何とかならないかと思い悩んでいるなか、ある技士の親族の葬儀があり、数人の技士と帰りに蕎麦を食べに行った。これはいい機会だと思い、中野は勇気を出して友人の声を伝えた。「清掃道具をご遺族に見られないようにできない

か」と。

　係長がそんなことを言ってるという話が、若手技士からベテラン技士にまで伝わり、次の日から改善の試行錯誤がはじまった。これは後で聞いたことであるが、多くの技士は就職当初、八事斎場のひどさにびっくりし、少しでも変えたいと思ったが、とても意見を言える雰囲気ではなかった。改善の機運が盛り上がってきて初めて、意見が言えるようになってきたということであった。

　まずは、大きな清掃道具をご遺族に見られないように、事務用の衝立で囲み、ご遺族がいなくなってから、清掃が必要な場所へ移動させることとした。しかし、午前中に使用した炉は午後の火葬の受け入れまでにどうしても清掃せざるを得ず、時間帯によってはご遺族に見られないで大きな清掃道具を移動させることは不可能であった。すると、ある技士から「小さい清掃道具をいくつか作って、ご遺族から見えない炉裏に置き、清掃のときだけ炉前に出せばいい」というアイデアが出た。その日のうちに試作品が完成し試行してみた。これは、使えるということで4台作ることになった。

　つぎに、事務用の衝立は、風が吹くと移動してしまうため、大型のアコーディオンカーテンを設置できないかというアイデアが出てきた。6か所に設置すると、小さい清掃道具の炉裏に収納することと併せて、清掃道具は完全にご遺族の視界に入らなくなった。しかし、視界に入らなくても、清掃作業は大きな音のする真空掃除機の使用が不可欠で、近くにご遺族がいらっしゃると音が聞こえてしまう。そこで、ご遺族が近くにいても数炉ずつ細かく清掃していた清掃作業について、一斉清掃の時間を設け、一定の範囲にご遺族がいない状態を作ることで一斉に清掃することにした。午後1時40分から2時くらいの間を一斉清掃の時間にあてた。しかし、その時間にご遺族が到着すると、待っていただかないと清掃ができない。バスで来場するご遺族は、葬儀業者の職員に指示すれば比較的容易に清掃作業をしている炉前に入らないようにバスの中で待機させることができる。しかし、自家用車で来場するご遺族は止めるのが非常に難しかった。

　「係長、出棺時間の制限をかけないと無理だ」技士が悲鳴を上げた。これ以上対応するには、葬儀業者に、午後1時半に出棺する葬儀を中止して

写真4-1　八事斎場一斉清掃の様子

いただく必要があった。しかし、これは同時に業者にとってお客様に提示するメニューが1コマ減ることを意味し、大きな会館をもつ業者は他の業者にお客様を取られかねない事柄でもある。そこで、私たちは主要な葬儀業者を個別に訪問して協力要請を行ない、出棺の時間制限をかけることができた。万が一、交通事情等により一斉清掃の時間にご遺族が到着した場合には、火葬棟前で待機している葬儀業者の職員に、ご遺族を火葬棟内に入れないように要請した。このような一つひとつの試行錯誤の積み重ねにより、ご遺族に清掃作業を意識されないようにできた。

　最もクレームの多かった清掃に関する問題が解決すると、拾骨後に残されたお骨がそのまま放置されていることが、つぎの解決課題になった。この対策を行なうためには、拾骨後に残されたお骨を炉内にもう一度収納するしかない。火葬件数が多いため、技士は拾骨作業の後半を葬儀業者に任せて、他のご遺族の拾骨に取り掛からざるを得ない。拾骨が終わったことに気づかず、どうしても拾骨終了後、しばらくはお骨が放置されてしまう。また、技士のなかには「どうせ、清掃するためにまた炉内から出すんだから、そのままでいいじゃないか」という意見も多かった。中野は、放

置されていているものを見つけると、自分自身で収納することにした。すると、拾骨が終わって帰られるご遺族が、細かく気を配ってくれるようになった。

　技士の業務量と気配りを要求される事柄は確実に増えていた。一斉清掃の時間を設けたため、清掃作業は大変になった。ご遺族のためとはいいながら、無理を強いている技士の努力に少しでも応えるため、可能な時間は中野も作業着に着替え、清掃作業を手伝った。技士たちも中野のこの姿を見ていた。

(5) なごやカップ2006最優秀賞受賞

　これらの対策によって、最もクレームの多かった二つの問題点を改善することができた。なごやカップ2006では、およそ業務改善とは、ほど遠いと思われていた火葬場が最優秀賞を受賞した。その後、山形市で開催された第1回全国都市改善改革実践事例発表会で技士も参加して報告が行なわれた。名古屋市のなかでも、八事斎場のマイナスイメージは払拭されたのである。

図表4-1　八事斎場の改善

```
┌─────────────────────────────────────────────┐
│  ┌ 問　題　点 ┐                              │
│                                              │
│ ・清掃作業をご遺族に知られてしまうこと       │
│ ・収骨後のお骨を他の人に見られてしまうこと   │
│                                              │
│  ┌ 対　　策 ┐                                │
│                                              │
│  ⇒ 目隠しや清掃の音を防ぐための、火葬棟内6か所へのアコーディオンカーテンの設置 │
│  ⇒ 一斉清掃の実施、そのための出棺時間の制限 │
│  ⇒ 清掃道具の小型化と炉裏への収納           │
│  ⇒ 拾骨後、お骨の乗った台車の炉内へのすみやかな収納 │
└─────────────────────────────────────────────┘
```

(6) 改善は続く

　八事斎場では、幾多の障害を少しずつ越えながら、2006年の業務改善以降も取り組みは続いている。棺を載せる台車受けを伸縮自在にし、狭い炉前を広く使う工夫（中日新聞に紹介された）、死産された赤ちゃんのお骨をうまく拾骨するためにパレットの上で火葬する工夫、棺を載せる台車上の耐火煉瓦の数を減らし五徳の高さを高くすることで火葬時間を短縮する工夫、火葬棟内の床をきれいに清掃する工夫など、改善は改善を呼び、ご遺族へのサービスの向上もさることながら、技士の質や意欲も向上してきている。

　火葬場は、大切な人を亡くされたご遺族に大切な人がもういないという現実を無理にでも折り合いをつけて帰っていただくための施設である。施設の古さ、不十分さと火葬件数の多さはどうしようもないが、深い悲しみのなかにあるご遺族に不快感なくご会葬いただこうとする八事斎場の取り組みは自治体職員万人のお手本である。

2　職場の危機感が業務改善に
——枚方市淀川衛生事業所と保健センター

(1) 淀川衛生事業所での取り組み

　枚方市では、職場単位で業務改善に取り組んでいる。特に、し尿収集・防疫業務などを行なう淀川衛生事業所と、市民の健康の保持および増進事業などを行なう保健センターの2職場で業務改善の取り組みが活発である。現場発信の業務改善は、職員個人の意識を相乗的に変革し、自己研鑽へのインセンティブ効果や行政サービス改善につながるアイデアを生み出している。

　淀川衛生事業所の取り組みは、平成19年に六つの自主研究グループを立ち上げ、個人のスキルアップや現場の業務のさまざまな改善に着手したことからスタートした。具体的な取り組み事例として、

① し尿収集体制を検討しアイデアを出し合って収集車両数の減車に成功したグループ
② 幅員が狭いなど収集作業車の乗り入れが困難な地区でのバキュームカーの運転業務のため、所内に練習コースを作って運転技術向上に取り組んだ公用車運転技術グループ
③ 収集日を記載したカレンダーを配ることで収集日をわかりやすくし、サービス向上につなげたグループ

などである。

淀川衛生事業所には、約50人の職員が勤務しているが、その60％にあたる約30人がこれらのグループに所属し活動を行なった。同事業所では、下水道の普及によりし尿収集が縮小されていること、さらに、定年を過ぎた世代を再雇用した再任用職員を多く抱えるようになり、職場の高齢化が進んでいることから、現場での職員の危機意識が高い。業務管理担当者は「（職場の危機意識に）耐えられるようにし、今後は収集・防疫業務のスリム化、手数料の徴収をチーム全体で行なうなど、さらなる職員の育成を行ないたい」と意気込みを話す。

(2) 保健センターでの取り組み

保健センターはヘルスプロモーションという健康戦略（世界保健機関：WHOのオタワ憲章1986年）の流れを受け、昨今の諸制度の変遷や新型インフルエンザなどの急務課題を乗り越え、市民の健康生活を支えてきた。こうした激変する環境のもと、事務職、保健師、作業療法士等多種にわたる約100人の専門職による業務改善の取り組みが行なわれている。

平成19年度に行なわれた業務改善「『市民サービス向上のための環境整備の取り組み』～市民が安全で利用しやすい保健センターづくりキャンペーン～」は、乳幼児から高齢者まで幅広い世代の利用者にとって安全で利便性に富む館内に環境整備していくことを目標とし、ISO 9001[1]の一環として行なわれた。点検票を用いて、職員が週1回以上交代で館内を点検し、不具合を早期に発見・対処することで、より良い建物環境の維持と

改善が実現された。聞き取り隊は、保健センター親子教室の利用者（保護者53名）に対して、四半期ごとにセンターの利用に関する満足度のアンケート調査を実施した。その結果、10か月で満足度は10ポイント向上（65％→75％）した。

保健センターでは、以上の実績を職員提案制度を利用して公表し、組織の実績提案として奨励賞を受賞した。受賞を通じて、業務改善の成果が課内で共有され、業務改善目標である組織の活性化と連帯感を育むきっかけにつながった。平成21年度にも、組織の接遇力向上プログラムを実践提案し奨励賞を受賞した。ファシリテーターの1人である稲葉耕一は「保健センターとして取り組む課題はさらに多種多様化するが、健康なまちづくりを目指し、職員が一丸となって創意工夫し成果を分かち合っていきたい」と語っている。

このような淀川衛生事業所と保健センターの「現場の危機感が業務改善を生み出す」事例から、枚方市では人材育成のあり方のヒントを得ることができるとしている。

3 ここは施設更新用地で〜す
　　――山形市浄化センター

(1) 施設更新用地取得と有効活用

平成16年度、山形市は、山形市浄化センター（「浄化センター」）に隣接する嶋地区の区画整理事業をはじめた。これに合わせて、山形市では将来予想される浄化センターの施設更新のために、宅地化が進む前にあらかじめ用地を確保することが求められていた。平成17年度には、区画整理地内に約2haの土地を先行取得したが、これに伴いこの土地の効率的かつ効果的な維持管理が求められることになった。

施設更新用地は、そのまま何も手入れをしなければ雑草が生い茂り、場合によっては、不法投棄のゴミ捨て場にされる可能性もあった。また、すでに施設更新用地周辺には新しい住宅が建設されつつあり、外からの見栄

えを悪くすることは絶対に許されない状況であった。しかし、現実的に草取りを職員で行なうほどの人的な余裕はなく、財政難により、多大な経費を用いて維持管理を行なうことも困難な状況であった。このような状況のもと、浄化センターでは、後に「はながさ☆ぐらんぷり」でグランプリを受賞する改善策に取り組むことになった。

(2) 田端(たばた)コンポスト試験畑のスタート

　当初、施設更新用地の維持管理方法については、浄化センター内でさまざまな議論がなされた。しかし、下水汚泥脱水機の使用済みろ布で用地を全面覆う対応策や、施設更新用地全体に除草剤を捲く対応策など、雑草を抑えることはできても有効な土地利用といえない案が多く、最終的にコンポストの試験畑として活用する対応策に取り組むことになった。

　施設更新用地内に設置された畑は、その地名から田端コンポスト試験畑と名づけられた。コンポストとは下水道資源の有効利用として、下水汚泥を発酵させた有機質肥料のことである。当時、浄化センターでは山形コンポスト[2]として20kg入り袋で年間6万7000袋[3]を生産しており、このコンポストの効果を実証する試験畑として施設更新用地を活用し、コンポストの普及開発につなげていこうと考えていたのである。

　しかし、ここで問題が発生した。この試験畑の維持管理を誰に任せるかという問題である。前述したように、浄化センターでは施設更新用地の維持管理に職員を割くほどの余裕はなかった。また、この試験畑が市有施設である浄化センター内に設置してあるため、一般市民を自由に出入りさせることに不安があった。このような状況のなか、浄化センターおよび山形コンポストに精通しているコンポストモニターに白羽の矢が立つことになった。コンポストモニターには、平成13年度から毎年15名[4]の市民が参加している。この制度ではモニター活動の一環として、浄化センター内の施設見学やコンポストに関する講習会を実施していたため、モニター経験者は、試験畑の維持管理者としては申し分のない存在だったのである。[5]

(3) 田端コンポスト試験畑利用者の会結成

　田端コンポスト試験畑の運用に関しては、施設利用や経費負担などに関しての制約と課題があった。たとえば、試験畑の運用に対する浄化センターからの経費的な支援は一切なく、試験畑は浄化センター内に設置しているため危険が伴う、などである。そのため浄化センターから、①土地は施設更新用地として使用すること、②費用は自己負担であること、③コンポストのアンケートに協力すること、④周囲の景観に配慮して管理することを、畑使用の条件とした。[6]そして、1団体27名で田端コンポスト試験畑利用者の会（「利用者の会」）が発足された。

　利用者の会発足後、土地を畑化していく作業がはじまった。草刈りを行ない、山形コンポストを入れて耕運が行なわれた。施設更新用地は徐々に試験畑へとその風貌を変えていった。そしてこの時期に（社）日本下水道協会が東京で開催する下水道フェスティバルにて、山形コンポストで作ったじゃがいも2000個を配付して欲しいという依頼が浄化センターに届いた。浄化センターでは利用者の会と協力しフェスティバルまでにじゃがいもを生産することに決定した。そして、フェスティバル終了後、この活動の報告会を兼ねて芋煮会を開催することになった。芋煮会には60人あまりの参加があった。参加者は、どの顔も満足感に溢れ笑顔が輝いていた。浄化センター所長の奥出晃一はこれこそが協働のあるべき姿と実感した。

(4) 田端コンポスト試験畑に溢れる市民の笑顔

　田端コンポスト試験畑がはじまり6年目を迎える平成23年も、多くの市民[7]がこの活動に参加している。そして、やり甲斐を感じながら活き活きと活動している。6年間の活動を通して奥出晃一は、次のような成果が生み出されたと感じている。

　第一に、山形市として経費をかけずに施設更新用地を適正に管理することができた。6年間で宅地化がより一層進んだが、周辺の住民からは苦情が寄せられていない。第二に、市民に対して農作業を楽しむための土地を

無償で提供できた。第三に、この活動を通して市民と職員とが交流する場を創り出すことができた。第四に、浄化センター内の施設を利用することにより、市民の浄化センターに対する理解度と親近感が深まった。

　市民は今日も笑顔で浄化センターにやってきて、農作業を楽しんでいる。これにより、浄化センターに対する迷惑施設としてのマイナスイメージが少なからず払拭された。浄化センターの職員にとっては、これこそが最大の成果だったのである。

(5) はながさ☆ぐらんぷりに参加して

　山形市浄化センターの取り組みは、第2回「はながさ☆ぐらんぷり」でグランプリを受賞した。そして、第1回全国大会となる「ALL JAPAN やまがた☆10」に山形市代表として出場した。

　この経験を通して、浄化センターの関係者は、従前知り得なかった他部署の活動状況を学ぶことができた。「はながさ☆ぐらんぷり」を通して、それまで他の課や施設の業務内容をあまりにも理解していなかったことに気づいたのである。全国大会では他の自治体の改善情報を学ぶことができた。これらの情報には、自分たちの業務に活用できるものも多く、新たな改善事例の創出に向け多くのヒントを得ることができた。

　改善事例発表会を通して、少なからず山形市職員のプレゼン能力が向上したのも事実である。市民への説明責任が問われている昨今の自治体を取り巻く状況を考えると、今後、市民に説明を求められる機会も増えていく。「はながさ☆ぐらんぷり」のように多くの職員が人前でプレゼンする機会を与える場を創出することは、市職員のプレゼン能力向上に向けた取り組みとしても意義あるものである。

4 資格取得を通じた公務員のスキルアップの事例
―――岐阜県庁職員

(1) 公務員と資格

　公務員は、地方公務員法などでその身分が保障され、民間企業の成果主義とは異なり、年功序列の側面も強い人事制度となっている。そのため公務員は、大過なく過ごせば、通常はエスカレーター式に昇進できるとされている。また、公務員の仕事は、税務、環境、福祉などの分野では業務内容が専門化し、適切な教育訓練を受けた者でなければ十分に任務を果たせない。たとえば、自治体の部署と専門資格の関係をまとめると図表4-2のとおりとなる。しかし、公務員という身分があるがゆえに、一部の例外[8]を除いて無資格・無審査で仕事に取り組むことになる。

　こうした状況下では、資格試験に挑戦するという動機やインセンティブは、民間に比べて小さい。民間企業では、資格取得者に多額の資格手当を交付したり、資格受験の費用を会社でもつという形での資格取得支援が行なわれている。公務員の資格取得への関心は、それと比べると対照的な状況となっている。[9]

(2) プロとして仕事をするために

　資格には、①自己評価機能、②キャリア（職業能力）アップ機能、③昇進・昇格支援機能、④転職支援機能、⑤独立支援機能という五つの機能がある。[10] ③から⑤の効果は、資格取得に付随的な利点である。公務員を続けていくならば、①と②の機能が重視される。高齢化の進展と経済成長の鈍化にともない、行政へのニーズは急速に増大している。しかし、地方財政は逼迫し、そのニーズに対応するためのヒト・モノ・カネという資源は十分ではない。こうした状況下で経済的かつ効果的に住民ニーズに対応するためには、公務員個々人の能力を向上することは特に重要であり、その有効なツールとして資格取得という業務改善がある。

図表4-2　資格と自治体の関係部門

資格名称	関連する自治体の部署
秘書検定	秘書部門、各部署の秘書業務担当者
法学検定、ビジネス実務法務検定、自治体法務検定	法規関係部門
消費生活アドバイザー、消費者力検定	消費生活相談関係部署
気象予報士・天気検定	危機管理、上下水道、都市計画、環境部門
日商簿記検定・全経簿記能力検定	税務、公会計担当部門、産業振興部門
貸金業務取扱主任	滞納債権を管理する部門
総合・国内旅行業管理者	姉妹都市交流部門、旅費の審査に関する部門
社会保険労務士	人事、労働、生活保護、国保、年金関係、人事・公平委員会
中小企業診断士	産業振興、企業会計の経理部門
税理士	税務、産業振興部門
環境計量士	環境施策部門、計量部門
公害防止管理者	環境部門、水道部門
医療事務、医療秘書	健康関係部門、公立病院所管部門
司法書士、宅地建物取引主任者	建築部門、不動産関係部門

　ピーター・センゲによれば、社会の変化に適応できる「学習する組織」とは「人々が継続的にその能力を広げ、望むものを創造したり、新しい考え方や普遍的な考え方を育てたり、集団のやる気を出したり、人々が互いに学び合うような場」としている。自治体を「学習する組織」に一気に転換することは難しい。個々の公務員が、専門資格を通じて職場の仲間と共に学習に取り組むことで自己実現と組織の改善を着実に進めていくことが重要である。

(3) 庁内勉強会のススメ

　資格取得を目指しどのような手段で勉強を進めていくかは、大きな問題である。独学という方法が、最も安価で済む。しかし、合格までに自己管理ができるかが課題となる。公務で帰宅してから、机に向かうためには

相当なモチベーションを維持しなければならない。これに対して、資格試験のためのスクールを活用する方法もある。ただ、受験者の少ない資格だと、地方では適当な講座が開設されていることが少ない。さらに、給与カットが続く自治体も多く、資格手当などのメリットがないなかで、高額の受講料を支払うことにはためらいが多いのも事実である。

そこで、一つの解決策として注目されているのが、庁内勉強会である。同じ資格を取得したいという仲間を集めて、勤務時間外に問題集について交代で検討を進めるという勉強会は実に効果的な勉強法である。すでにその資格について合格した職員が講師となるのが望ましい。そうした合格者が身近にいない場合であっても、相互に教え合うことで、教えるための準備が、知識の正確な理解や記憶の定着に大きな効果を発揮する。また、同じ職場の仲間が受験することで、不合格になれないという緊張感をもたらし、それが試験までのモチベーションを維持させてくれる。

岐阜県職員の丸山恭司は、平成17年度、庁内（旧建設管理局）に若手職員7名からなる勉強会を立ち上げ、県の土木施策の検討と並行して、VEL[12]という資格取得のための学習会を開催した。そして、勉強会に参加した全員が合格を果たした。この試験の合格率は約60％であり、勉強会という手法に相当な効果があった証拠でもある。

5 塵芥収集車（パッカー車）に広告掲載
—— 尼崎市環境市民局業務課

(1) 現業職場の行財政改革と業務改善

尼崎市で業務改善運動（YAAるぞ運動）がスタートした時、市の財政状況は非常に悪く、財政再建団体への転落も危ぶまれるほどの状態であった。尼崎市では平成14年度に328項目の歳入歳出に関係する見直し項目を掲げた行財政改革の計画『尼崎市経営再建プログラム』を策定した。この再建プログラムは、平成19年度までの歳入歳出を精査し、中長期的な収支見通しを立て、新たな歳入増の取り組みや歳出の削減、業務の合理化

による人員の削減などを柱にしており、現在の『"あまがさき"行財政構造改革推進プラン』にもそのスタイルが継承されている。尼崎市では、これらの行財政計画において、業務改善運動を改革手法の一つと位置づけている。

　市の環境市民局業務課（「業務課」）は、市内の家庭から出されるごみを収集し、焼却工場（クリーンセンター）に運搬する業務を担当している。現業職の職場であり、官から民への流れのもと、人員削減の対象とされる職場であった。尼崎市の家庭ごみの収集運搬は、燃やすごみが週3回、びん・缶・ペットボトルが週1回、金属製小型ごみ月1回で、各家庭の前でごみを収集する戸別収集を基本としている。市内の総世帯数は約20万世帯、うち、直営による収集戸数は7万世帯にも及ぶ。近年、家庭から出されるごみの量は減少傾向にあるものの、直営収集に係る家庭から1日に排出されるごみの総量は2万2650tにもなる。それを業務課の職員が、32台の塵芥収集車に3人1組で収集運搬し、市内と臨海部にあるクリーンセンターを1日4往復するのである。1日1台の走行距離は60～80kmにも及ぶ。

　上述の再建プログラムでは、家庭ごみの収集運搬業務の委託比率を平成15年に52％（直営48％）まで引き上げ、さらに平成19年度には65％（同35％）まで引き上げる計画が進められ、業務課は人員削減という合理化の真っ只中にあった。そのような状況下、業務課では自らの仕事に対する誇りとプライドをかけ、業務改善運動に課員全員で取り組んだのである。

(2) 出張なんて初めてですわ

　平成19年度に業務課では業務改善運動に取り組むにあたり、四つの係からそれぞれテーマを募った。その内容は、全員がヘルメットを完全着用するなど労働安全衛生に関わるものや、ごみ収集の際にごみを散乱させないよう気配りするなど、どれも良いテーマであった。なかでも目を引いたのが、塵芥収集車に企業広告を掲載することで収入増をねらうというもの

であった。YAAるぞ運動が楽しみながらやり続けることを目標にしていたことから、塵芥収集車への企業広告掲載を業務課の統一テーマとして採用し、その活動グループ名を「グリーンメディア」とした。

ところで、なぜ企業広告の掲載なのか。きっかけはNHKテレビで放映していた横浜市の広告事業の特集番組であった。それを見ていた作業長の牧徳一が、塵芥収集車は作業車のなかでも子どもたちの人気が高いこと、また市の歳入の確保に貢献できることから思いついたものであった。そして実施までには、さらに土居淳三・西岡浩二・山本幹春の3人の作業長（当時）が活動を支援する形で、業務改善運動がスタートした。

まずは、4人の作業長がインターネットで他都市の情報を探ることからはじめた。広島市、大分市などで、塵芥収集車の一部分を使って企業広告を掲載していたが、金額も約1万円と非常に安価であることが分かった。つぎに、広告代理店へのヒアリングを経て、企業訪問を行なった。企業が塵芥収集車への広告掲載にどの程度、関心があるのかを探るために、午後から作業長たちは作業着からスーツに着替え、名刺をもって、大企業から中小企業まで、2年間で計50社の企業を訪問した。当初は名刺を逆さまに出したり、手が震えたりしたという。

こうした地道な努力を続けた結果、平成19年度以降、6社から広告掲載の依頼を受けて、計10台の企業広告を掲載した塵芥収集車が市内を走っている。ちなみに、尼崎市の塵芥収集車は車体の側面すべてを活用したフルラッピング広告であり、リーマン・ショックによる世界的な経済不況下にあっても、広告収入は平成23年現在も850万円を維持している。

この取り組みは平成19年度の尼崎市の業務改善運動の事例発表会にて報告され、審査員から高い評価を得るとともに、発表会の視察に来ていた福井市職員の目に留まり、福井市の業務改善運動の事例発表会でも発表して欲しいと依頼を受けた。そのことを伝えた時の作業長たちの言葉が「出張なんて初めてですわ」。4人の作業長にとって、生まれて初めての出張が福井に決まった。

(3) 俺たちで歴史を作るんだ

　取り組みを進めるにあたって、4人の作業長は悔しい思いも経験している。そんな時は、「俺たちで歴史を作るんだ」と笑い、課内で励まし合ったという。企業訪問をした際、担当者との打ち合わせでは、好印象を得たと思っても、数日後に断りの電話が入ることが多々あった。また、飲食メーカーからは「ごみと飲食物はあわない」といった意見もいただいたという。これにより業務課のメンバーは、廃棄物行政のイメージを変えたいと、部分広告ではなく、フルラッピングにこだわることになる。

　また、企業訪問を重ねることで、大企業だけでなく、市内の中小企業も訪問すべきことや、企業の意思決定のポイントなどを学んだという。たとえば市内の中小企業を訪問した際に、担当者の方から「先日、白井市長が見えられたときにトップ（社長）に説明いただいていたら……」というコメントを聞くことがよくあった。そこで、トップ同士の宣伝効果がより大きいことが分かり、市長の企業訪問の際に口添えを依頼するため、市長の白井文へのプレゼンテーションを行ない、白井からは、「パンフレットがあれば私が配る」との快諾を得て、すぐに写真入りの手作りパンフレットを作成した。

　成功の秘訣について、どの作業長も「この4人だからできた」という。現業職場は組合活動を通じた結びつきの強い職場である。車体への企業広告を実施に移す際、組合員である塵芥収集車の運転手や作業員から、「企業の広告が入った車体を汚してしまったらどうするのか」「事故があったら、企業に迷惑をかけるのではないか」「誰が責任をとるのか」と懸念する声があがった。

　そうした声に対して、4人の作業長は全現業職員162人に対して6回の説明会を開催し協力を求めた。Q&A集を作成し、全員に配布するなどしていくうちに、前向きな意見が出るようになった。当時、業務課の庶務担当係長であった梶本修司は、作業長が同じ現業職の組合員に対し、業務の改善を説明している姿を見て、時代が大きく変わるのを感じた。

(4) やればできる

　平成 20 年 4 月 21 日、宣伝部長を買って出た市長の白井と広告主を招き、両側面に企業広告を掲載した塵芥収集車の出発式を執り行なった。この出発式は、塵芥収集車が午前 8 時 30 分に一斉に家庭ごみの収集に出かける前に行なったイベントであり、遊び心の一環であった。この様子は新聞各紙に報道され、その後さらに新たな広告主が現れることとなった。グリーンメディアの活動を通じて、現業職員間に「やればできる」という自信と意識が広がったと 4 人の作業長は言及している。合理化対象の職場となり職場全体の活気が薄れかけていたが、作業長がパソコンを打ち、電話を取り、前向きに仕事に取り組む姿が、現業職員の気持ちを自然と変えていったのである。

　企業広告を掲載した塵芥収集車を走らせるようになって以来、現場の職員の間に市民に見られているという意識が徹底され、全車で塵芥収集車のスライドカバー（蓋の役目をする後面のドア）を閉めて走り、また服装もきちんと着こなすという副次的な効果を生み出した。実は、このグリーンメディアの活躍には伏線がある。梶本は、この前々年に尼崎市で初めて、NOx 規制の対象となる塵芥収集車の公売に成功し、前年には Yahoo! オークションでの公売により、塵芥収集車だけでなく他の部局のバスまで売却し、業務改善運動の成功事例として、山形市の業務改善運動発表会「はながさ☆ぐらんぷり」に招かれた人物の一人である。梶本は仕事のやりがい、達成感、そして評価を得た経験を、なんとしても、職場の仲間で共有したかった。

　業務課は、グリーンメディアの発表後も、主たるメンバーを入れ替えながら、新たなテーマで業務改善運動に参加し続けている。4 人の作業長はそれぞれ「今まで考えられなかったような人達との出会いが得られた」「パソコン、ビデオ、カメラの趣味が生きた」「福井市の発表会のリハーサルでは全然ダメだったが、本番でウケたのがうれしかった」「民間の厳しさが身にしみた」と語り、「職場にいいものをつくろうという雰囲気が生まれてきている」と話している。

写真4-2 企業広告を掲載に尽力した4名の作業長(当時)
(左から　山本幹春・牧徳一・西岡浩二・土居淳三)

【注】

1　ISO9001シリーズ(品質マネジメントシステム)は、供給者に対する品質管理、品質保証の国際規格である。管理される対象を明確にし、目標を定めてその達成のために計画(Plan)・実行(Do)・確認(Check)・見直し(Action)の活動を進める一連の仕組みのことである。枚方市では、市民満足の向上に向けた継続的な業務改善を確かなものにしていくため、平成16年3月に認証取得している。
2　下水道資源の有効活用として浄化センターでは昭和55年度から生産している。
3　平成16年度実績。
4　毎年公募により選任されていた。
5　コンポストモニター以外に、農政課で所管している農業サポーターにも声掛けを行なっている。
6　条件を提示したというよりも、条件の順守を依頼した形となっている。
7　現在もコンポストモニターOBが対象となっている。
8　建築士など法律上有資格者でないと従事できない公務員の業務もある(建築基準法第5条第3項など)。
9　富山市では、すべての国家資格・公的資格の取得について当該対象経費の2/3以内(50万円を上限)の助成金を交付しており、注目に値する。「〈取材レポート〉自己啓発の一貫としての職員の資格取得を支援──富山市職員研修所」『ガ

バナンス』2007 年 8 月号、52 頁。
10　高島徹治「資格取得のススメ　スキルアップ特集①資格取得にチャレンジ」『ガバナンス』2007 年 8 月号、47 頁。
11　Senge, Peter, *The Fifth Discipline : The Art & Practice of The Learning Organization*, 1990. 守部信之訳『最強組織の法則』徳間書店、1995 年。
12　日本 VE 協会が認定する VE リーダーの資格で、製造業や建設業のコスト削減のために開発された VE 活動という手法の基礎知識をもっていることを認定している民間資格である。

Coffee Break 「ゲッツJob」と「SSB賞」

　尼崎市の第1回「YAAるぞカップ」で特別賞に輝いた「ゲッツJob」という20代、30代の女性職員6人による就労促進相談員（嘱託員）の取り組みがあった。彼女たちの職務は、生活保護受給者に対する就労支援であったが、「自分たちのもっているノウハウをもっと市民サービスに活用できないか」と考え、失業を原因とする生活相談者にまで対象を広げ相談業務を行なうこととした。不況の影響により生活保護受給者が全国的に増加傾向にある状況のなか、ただ受け身の姿勢でいるのではなく、「職員として、積極的に働きかけていきたい」。取り組みの背景には、そんな思いがあった。

　相談に来る市民は、自分たちの親くらいの年代の方が多いなか、まずは、相談者との信頼関係を築き上げることを第一目標とした。最初は信頼関係の構築に苦労しながらも、これまでの就労指導の実績を示しながら、履歴書の書き方はもちろん、ハローワークに一緒に行くなど、二人三脚の地道な取り組みを続け、見事に信頼関係を築き上げた。失業という切実な状況にある相談者をサポートすることは決してやさしいことではなかったが、結果として、相談に来られた市民の約60％が生活保護を受けることなく、自立した生活を送ることになるという素晴らしい成果を上げた。

　彼女たちに「1番の成果、嬉しかったことは」と聞くと、「教えてもらった履歴書をほめられて採用になりました。早くそのことを報告したくて。ありがとうございました」「もっと早よう、あんたを紹介してもらったら良かったな。これから仕事、頑張るわ」という相談者からの言葉だという答えが返ってきた。

　しかし、第1回「YAAるぞカップ」から8か月後に残念な出来事があった。「ゲッツJob」のリーダー笹部紀子さんが病気で亡くなられたのである。悲しみに包まれながらのお通夜の席、ご両親への挨拶で尼崎市の関係者が「YAAるぞ」という言葉を使っても分かってもらえないだろうと思い「QC運動のような業務改善活動のチームリーダーとして、とても頑張っていただきまして……」と言ったところ、お母さんの口から「あ、YAAるぞですか」という言葉が返ってきた。笹部さんは家でもよく、「『YAAるぞ運動』に参加して頑張っている」と話していたそうだ。

　生前、笹部さんの体調が少し悪いとき、お母さんが「紀子、今日は仕事休み」と言ったところ、笹部さんは「お母さん、私を待ってくれている人がいる

から、行かなあかんねん。私、行くねん」と言って、仕事に向かわれていたそうである。翌日の葬儀には、白井文市長が参列され、第1回「YAAるぞカップ」のビデオをご両親に手渡した。

　それから4か月後に開催した第2回「YAAるぞカップ」当日、尼崎市は笹部さんのご家族を招待し、開会直後に「ゲッツJob」のビデオを上映した。上映後、会場からは割れんばかりの拍手が沸き起こった。大きな拍手とともに、ご家族には退席いただいたが、お母さんが帰られる際、「実は気持ちの整理がつかず、白井市長さんからいただいたビデオを見ることができなかったのですが、今日初めて見せていただき、本当に良かったです。これからは何度も見たいと思います」と話された。

　「ゲッツJob」のビデオ上映で幕を開けた第2回「YAAるぞカップ」もクライマックスの表彰式を迎えたとき、「YAAるぞ運動」の担当者である吉田淳史は「賞を一つ増やした」と聞かされた。当日の審査委員が相談して、今までになかった「SSB賞」という賞が設けられていた。正式な名前は「スペシャル・さわやか・ベストで賞」という。実はこの賞は笹部紀子さんの「SASABE」の頭文字を取って名づけられたもので、そこには大きな思いが込められている。

　その思いとは、自分を待ってくれている人のために一緒に頑張るというプロ意識である。とかく公務員は待ちの姿勢で言われた仕事だけを行ない新しい仕事にチャレンジするなど、わざわざ自分から仕事を増やすことはしない傾向がある。「SSB賞」は、対象者を広げ市民サービスの向上に努めるという打って出る姿勢、「笹部さんの強い使命感と責任感に基づいた仕事に対する気持ちや姿勢を決して忘れることなく、尼崎市職員は仕事にあたっていきたい」という思いからこの賞が設けられたのである。

　笹部紀子さんのご冥福をお祈りするとともに、「『SSB賞』に込められた思いを胸に、これからも仕事にあたっていく」と再びみんなで誓いたい。

第5章

PDCAってこういうことやったん!?

1 福井市市民課

(1)「速さ」と接客方針カード

　市民課は、直接市民と接する部署で市役所の顔ともいえる部分である。市民課の評価は市役所の評価につながりやすい。福井市市民課では、平成19年度の改善王選手権業革・冬の陣[1]で市長感動賞と職員感動賞をW受賞した。そこでは、改善の取り組みとして、市民課独自のマネジメントシステムが構築されていた。まず、「Plan」では市民課の接客方針を決め、携帯カードを作成した。「Do」ではその接客方針を周知し、実践できるように研修や訓練を行ない、「Check」では市民からの意見・自己点検で評価を行なう。そして「Action」では、次の「Plan」へ向けた検討・継続・修正を行なっていく。

　市民課では、このPDCAサイクルを繰り返すことで、より良い市民サービスの提供を目指した。マネジメントシステム構築に向けて、市民だけではなく職員にもアンケートをとった結果、市民と職員の両者ともが窓口に求めるサービスの第1位は「速さ」だった。市民課では、窓口そのものの改善と、接客方針カードの作成に取りかかった。

　窓口には従来、①窓口受付・受付番号札の交付→②被証明者の入力→③住民票の写し出力・内容確認・認証→④受付番号札の受け取り・手数料徴収・住民票の写し交付という4段階の工程がある。本人の住民票交付

には5分程度要していた。市民課では「速さ」を追求するために、①窓口受付・被証明者の入力→②住民票の写し出力・内容確認・手数料徴収・住民票写し交付という2段階の工程に見直し、受付と交付を1か所で行なえる対面交付方式へと変更した。その結果、受付した窓口の隣で住民票の写しを交付することにより、受付番号札の交付と受け取りの工程が不要になった。また、証明印を印刷することにより認証の工程を削った。さらに、工程の見直しと同時に、短時間で終わる証明書発行窓口と時間のかかる手続申請などの届出窓口を完全に分離した。その結果、本人の住民票であれば約30秒で交付することが可能となった。[2]

　市民課ではさらに接客方針カードの作成を行なった。この接客方針カードは、先のアンケート結果に基づき、ベスト5にあがってきたものをすべて含むものとした。接客方針カードは毎朝礼後に全員で唱和し、意識づけを行なった。また、名札の裏に常に携帯し、市民課内にはポスターも掲示して、常に接客方針を意識することができるようにしている。

図表5-1　市民課の接客方針カード

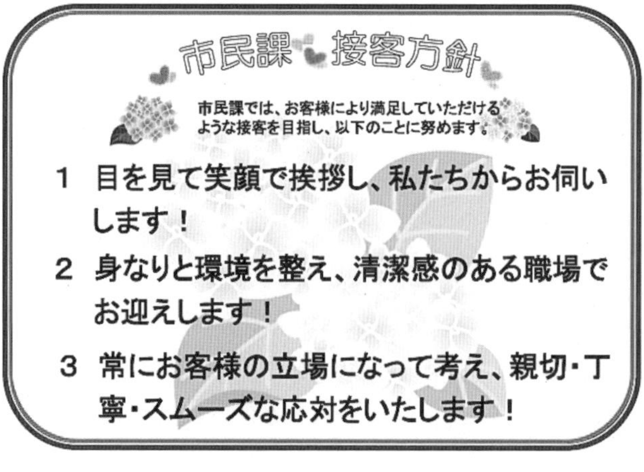

市民課・接客方針

市民課では、お客様により満足していただけるような接客を目指し、以下のことに努めます。

1　目を見て笑顔で挨拶し、私たちからお伺いします！
2　身なりと環境を整え、清潔感のある職場でお迎えします！
3　常にお客様の立場になって考え、親切・丁寧・スムーズな応対をいたします！

(2) 取り組みの成果とその後

　このアンケートは、職員一人ひとりが毎日の業務を振り返り、市民満足度とは何かを考えるきっかけとなった。この取り組みから、各職員がより良い接客について意識し、行動を起こせるようになった。交付時間が短縮されたことで市民からお褒めの言葉をいただく機会が増えたことで、笑顔が増え、窓口の雰囲気が明るくなった。また、市民からの意見・苦情を分析すると、職員が「落ち度がない」「当たり前だ」と感じていることでも、市民にとって「満足していない」と感じていることが多かった。

　市民課ではその後、市長マニフェスト[3]実現のために、ワンストップサービスの総合窓口化を図った。特に転入・出生については、お客様である市民が市民課での手続きの後、保険年金課・学校教育課・保育課・子ども福祉課・介護保険課等で手続きをするのに約1時間かかっていたものを、市民課の窓口にいたまま20～30分程度で完了できるようにした。「お客様である市民が庁舎のなかをあちこち走り回る」から「職員が市民課へ走る」に変わったことは、業務改善の大きな効果である。

2　北上市上水道課

　北上市のきたかみPing!Pong!Pang!運動では、消防・保育園・幼稚園・図書館・博物館などの出先機関が盛んに業務改善に取り組んでいる。そのなかでもきたかみPing!Pong!Pang!祭へのトップクラスの出場回数を誇るのが、上下水道部上水道課である。上水道課における改善は現場起点であり、プロパー職員の技も光る、ベテランと若手のチームワークが抜群な取り組みである。

　上水道課は、Ping!Pong!Pang!祭に同じテーマで2回出場し、常に進化し続けている。北上市代表として第4回全国都市改善改革実践事例発表会「改船なかの20丸」にも出場したこの改善事例は、職場一丸となって作成した北上のおいしい水PRのVTRでも全国的な話題となった。

(1) 水道水の異臭味対策

　北上市上水道課では、北上市の主要浄水場である北上川浄水場で作られる水をできる限り「おいしい水」として市民に提供することで、水道水に対する満足度を向上させたいと考え、異臭味対策に取り組んでいる。

　当然のことながら、北上川浄水場で作られる水道水の水質に問題があるわけではない。しかし、夏季を中心に「少し臭いがする」「味がちょっと……」という水道水に対する市民の苦情が数件寄せられていた。異臭味の主な要因には二つある。一つは沈殿池と呼ばれる池の藻の大量発生、もう一つは原水である北上川特有の土臭（土の臭さ）である。

　現状よりもおいしい水を作ることを考えた場合、高度浄水処理と呼ばれる設備を導入できれば理想的である。しかし、本格的な設備ともなれば1億5000万円以上もの多額な建設費用がかかってしまう。そこで、費用をかけずに成果を出す方法はないだろうかと検討を重ねた結果、他市の事例などを参考に、三つの取り組みを実施することにした。第一は藻の発生を抑えるための遮光ネットの設置、第二は藻の発生をより抑えるための沈殿池前への定期的な塩素の注入、第三は臭いを取り除くための粉末活性炭の注入である。これら三つの取り組みのなかで、遮光ネットの設置と粉末活性炭の注入は2008年度まで継続して実施してきたものだが、2009年度は2008年度の課題を踏まえてさらにパワーアップした取り組みを実施した。

　第一の遮光ネットの設置は、屋外にある沈殿池に椎茸栽培によく使われているネットをかけ、池のほぼ全面に設置し光を遮断する取り組みである（写真5-1）。その費用は十数万円である。実際の効果として、設置前に大量発生していた藻がネット設置後にはきれいになくなった。夏季を中心に、池に大量発生する藻が原因で水の臭いがきつくなるが、遮光ネットを設置することで藻の発生を大きく抑制した。

　また第二の取り組みとして、藻が発生する沈殿池の前に塩素を入れて滅菌することで、臭いの元となる藻の発生を抑えた。その結果、これまで処理の過程でついていた臭いの元を軽減することができた。第三の粉末活性炭の簡易注入設備の設置は、職員が自主製作し費用はおよそ十数万円と、

写真5-1　遮光ネットで光を遮断

非常に安価で完成できた。粉末活性炭も職員自らが水で溶かした。

(2) できることから実践する

　大型設備を作らなくても知恵と工夫でできるというのは業務改善の原点である。費用は全部で約200万円。自主製作のため建設費用との比較でも1/75と考えられない安さである。たとえ、高度浄水処理と同様とまではいかないにしても、これまでの水質苦情の原因であった異臭味を大幅に軽減することができ、対策期間中の臭気をおいしい水の基準値以内に抑えることができた成果は大きい。

　それでも、異臭味はその年の水質に大きく影響される。今後の展開として、まずはさまざまな水質パターンにおける実証データを集める必要がある。また、活性炭の注入点を今よりも前に置くことで、活性炭の接触時間を長くし、さらに消臭効果を高めることも可能であろう。まだまだ課題はあるが、業務改善を継続し、安全でおいしい水を提供できるよう、北上川浄水場はさらなる挑戦を続けている。

3 豊橋市総合動植物公園管理事務所

(1) プロジェクトのんほい誕生

　北海道・旭山動物園が脚光を浴び、全国各地の動物園が特色を活かした取り組みに挑んでいるころ、豊橋市動物園でも豊橋らしい取り組みを自分たちの手でできないかと、飼育員たちは知恵を絞っていた。普段は動物たちの世話に追われる毎日。そんな毎日のなかにも動物の展示方法の工夫、展示室のリニューアル、わかりやすい解説看板づくりなど、小さなことでも気づいたことは少しずつやってきた。しかし、飼育員が個々に時間をみつけながらの作業であったため、大きな試みはできず、飼育員の間にも温度差があった。「飼育員が力を合わせれば、お金をかけなくても何かもっと動物園を魅力的にできるのではないか」「豊橋らしい動物園にするには」「もっともっとお客様の喜んでいる笑顔がみたい」。こうした強い想いを抱えたまま、苦悩する毎日を飼育員達は送っていたのである。

　そんな折、2006年度に豊橋市では業務改善運動がスタートした。これが「プロジェクトのんほい」誕生のきっかけとなり大きな転機となる。「業務改善運動への参加こそ、飼育員みんなへの起爆剤となる！」との想いから業務改善運動に参加することが決定された。

(2) 業務改善運動への参加

　動物の展示方法の工夫や展示室のリニューアルなど、日常的な改善には総合動植物公園の全員が取り組んでいたため、業務改善運動に積極的に参加することができた。2006年度、2007年度と豊橋市業務改善運動成果発表会である「やるまいええじゃないか！　スタジアム」にも出場し、事例発表を行なった。その結果、一層業務改善の波が職場内に浸透していく。飼育員の間でも業務改善が日常的な話題となり、飼育員たちの取り組みは熱を帯びてきた。意見を交わし、アイデアを出し合い、そしてカタチとな

写真5-2 リニューアルしたチンパンジーの運動場

る。作業のなかでも飼育員同士で得意分野を活かし合い、飼育員の苦手分野を補い合った。そこには今までよりも大きな、チームワークができあがっていた。業務改善運動に参加したことで、成果が今までよりもハイペースで増えていったのである。

　そして、チンパンジー運動場のリニューアルに着手することとなった。市役所の他部署から市内の公園改修のため撤去する遊具を動物園で使わないかという話が舞い込んだのである。市のなかでもいままでにない話であった。チンパンジー担当の飼育員である榎島伸浩は、これを運動場に設置することで、チンパンジー本来の活発な動きをお客様に見せることができるのではないかと考えた。そして、遊具を受け入れることにした。遊具の設置はかなり大がかりな作業になり、作業自体も今までに経験したことがないものである。榎島だけではとても実現できることではなかった。

　しかし、業務改善運動に参加したおかげで、自然とそこには飼育員一同が協力する空気ができてきた。動物たちの世話や掃除といった普段の仕事の合間をぬい、その日その日に協力できる飼育員たちが集まり、資材の運搬・加工・組立など、遊具の設置がはじまった。作業開始から4か月の期

間を経て「プロジェクトのんほい」最初の大作が完成した。最初チンパンジーたちは警戒したが、すぐにボスが遊具の頂上を占拠し、他のチンパンジーたちも遊具を使って満足そうに遊ぶ姿がみられた。そして、チンパンジーたちは、来園者になんとアクロバティックな姿を披露し、アピールしていたのである。

　総合動植物公園ではその後も、手作りの園内看板や展示物などさまざまな取り組みに挑戦し、その成果を2008年度の業務改善運動の事例として発表した。そして豊橋市の代表として、尼崎市で開催された全国大会にも出場し、豊橋市の動物園の取り組みを全国の場で発表することができた。業務改善運動は、動物園にいろいろな経験と大きな財産を残したのである。

(3) 業務改善が残したもの

　いまもなお、動物園では飼育員が協力しながら、新たな取り組みに日々挑戦している。改善の風土が職場全体に浸透し、職場全体に大きな意識の変化を生んだ。いままではそれぞれの飼育員が取り組みのイメージを描きながらもそれらを共有できず、カタチにすることができなかった。それが今回、業務改善というきっかけができたことで、飼育員の間の温度差が縮まり、積極的に協力しながら取り組むことができるようになったのである。

　想いがあってもなかなか行動に移すのは容易なことではない。また、それが組織であればあるほどさらに、個々の想いをカタチにすることは難しいものである。しかし、業務改善という運動そのものが、秘められた飼育員一人ひとりの想いを開放し、飼育員同士の意識を近づけるきっかけとなった。業務改善とは個々の意識向上のみならず、組織のなかにおいても意識の統一や向上させる力がある。業務改善運動が残したきっかけは、豊橋の動物園に根づき、飼育員のあくなき探究心とともに、さらなる動物園の発展に寄与するに違いない。

4　尼崎市立大西保育所
——分別戦隊ゴミワケルンジャー

(1) YAAるぞ運動は、絶好のアピールチャンス！

　YAAるぞ運動がはじまる3年前の2000年、分別戦隊ゴミワケルンジャーは、すでに大西保育所で誕生していた。当時は公立保育所の民営化が進められており、公立保育所の存続意義や特色化を模索していた時期であった。そのなか21世紀は環境の時代という社会の風潮があり、保育所の子どもたちには環境問題に関心をもって欲しいと保育士たちは考えた。

　しかしまず困ったことがある。それは、小さな子どもたちにも分かる環境問題をテーマにした絵本がないということであった。そこで保育士たちで作ることにした。テーマは「ごみの分別」。保育士立石由起江の3歳になる甥が、ごみを捨てる時に「これ、燃えるごみ？」と尋ねていたことからヒントを得たのである。ごみの分別なら子どもたちの生活にも密着している。子どもたちの大好きなヒーローが、ごみの分別の大切さを教えるという設定から誕生した絵本が『分別戦隊ゴミワケルンジャー～ごみに埋もれる地球を救え！～』である。ゴミワケルンジャーは、燃えるごみに分別する「モエルンジャー（青）」、燃えないごみに分別する「モエナインジャー（黄）」、リサイクルごみに分別する「マタツカエルンジャー（赤）」の3人で構成されている。

　ゴミワケルンジャーの絵本は瞬く間に子どもたちの間で大人気となった。テーマ曲（『秘密戦隊ゴレンジャー』の替え歌）に合わせたダンスも作った。運動会では子どもたちがゴミワケルンジャーになり、ごみの分別をする競技も取り入れた。さらに、ゴミワケごみ箱の設置（保育所内のごみ箱にゴミワケルンジャーのマークを貼り、分別できるようにした）や月1回のパトロール（保育所周辺のごみ拾い）をはじめた。そしてついにゴミワケルンジャーの実写版（保育士が扮装）が登場したのである。実写版ゴミワケルンジャーは、運動会や保護者総会などのさまざまな行事に登場した。ゴミワケルンジャーは保育所から飛び出し、市内の公園でゴミワケ

写真5-3　分別戦隊ゴミワケルンジャー3R

ンジャーショーを行ない、他の保育所の子どもたちにもごみの分別の大切さを訴えた。

　ゴミワケルンジャーの誕生から4年目を迎え、さまざまな活動へと広がりつつあるころ、2003年に尼崎市で「YAAるぞ運動」がはじまった。公立保育所の存在意義を模索していた立石たちにとって、この運動は「保育所はがんばってるんや！」とアピールする絶好のチャンスであった。このタイミングでの「YAAるぞ運動」の開始は、保育士たちが「私たちのためにはじまる！」と思えるほどであった。

(2) PDCAってこういうことやったん⁉

　「分別戦隊ゴミワケルンジャー」というチーム名で参加した「YAAるぞ運動」1年目は、それまでの活動に加え、子どもたちと他の保育所や幼稚園を訪問し、ごみの分別方法を伝授したり、環境事業局（当時）の職員の協力を得て、ごみ収集車見学会を実施した。成果発表会である「YAAるぞカップ」では、活動内容とともに「タバコがいっぱいやな〜。ゴミワケ

ルンジャーしなあかんな〜」「地球が汚れるからぼくが（ごみを）拾っとくわ」という子どもの言葉、それに、保護者へのアンケートから、子どもが分別するようになって親の意識が変化してきていることを紹介した。2003年度、大西保育所は準優勝だった。

　「YAAるぞ運動」2年目、大西保育所は、チーム名を「分別戦隊ゴミワケルンジャー2004」とし、「今年はごみだけじゃない。保育所でも家庭でもエコライフにチャレンジ！」というテーマで取り組んだ。エコライフを数値化する取り組みを行なったのである。年度当初に保護者の環境に対する意識調査を実施したところ、ごみの分別については98％の人が知っているが、買い物時にエコバックを持参している人は14％、牛乳パックや食品トレイをリサイクルしている人は21％だった。そこで、保育所内に牛乳パック・食品トレイの回収ボックスを設置し、子どもと保護者に回収を呼びかけた。エコバックの持参も呼びかけると、保育所で子どもの汚れた衣服を入れるためにレジ袋が必要だという保護者からの意見があったため、保護者と話し合い、レジ袋をもらわないで済むよう全員に、手作りの洗濯物袋を配布することにした。

　材料費は、保護者とともに開催したリサイクルマーケット（子どもの衣服や遊具など、不要品の交換会）の収益が充てられた。子どもたちは、プールで使用した水をペットボトルに移し替え、水遊びや菜園用に再利用する「水のリユース大作戦」を行なった。水を作る時に発生するCO_2を計算すると、2ℓのペットボトルで195本分のCO_2削減に成功した。こうした家庭への働きかけの成果があらわれ、再び行なった保護者への意識調査では、エコバックの持参率、牛乳パック・食品トレイのリサイクル率はともに55％へと上昇し、ごみの分別については100％を達成した。

　ごみの分別からはじまったこの取り組みは、保護者や家庭を巻き込みエコライフへと進化した。前年度の課題であった「成果を数字であげること」についても実現、向上し、うれしい結果が得られた。しかし、それ以上に大きな成果だったことがある。それは、保護者と一緒に取り組んだリサイクルマーケットで実行委員として活躍した保護者が中心となりゴミワケルンジャー推進委員会（「ゴミワケ推進委員会」）を立ち上げたことであ

る。保護者と保育士で構成するゴミワケ推進委員会を軸に、保護者と保育士がともに活動を進めていく基盤ができたのである。こうした活動が評価され、大西保育所は2004年度の第2回「YAAるぞカップ」で優勝に輝いた。

　大西保育所の「YAAるぞ運動」3年目（2005年度）は、大きな転機を迎えた。焼却施設の新設に伴い、尼崎市のごみ収集体制が変わった。それまでは分別していた「燃えるごみ（可燃物）」と「燃えないごみ（プラスチック類）」が「燃やすごみ」となり分別の必要がなくなったのである。「モエルンジャー」「モエナインジャー」が成り立たない。分別の大切さを子どもたちに教えてきたゴミワケルンジャーの役割が根底から覆されるこの出来事は、保育所メンバーにとって大きなピンチとなった。しかし「ピンチはチャンス！」とはよく言ったもので、このピンチのおかげで、大西保育所の取り組みはさらに発展したのである。

　環境教育を通して大西保育所の保育士たちが子どもたちに伝えたかったこと、それは「人やものを大切にする心」である。そこで「キーワードは『MOTTAINAI』Reduce・Reuse・Recycleでめざせ3R運動!!」をテーマに掲げた。チーム名は「分別戦隊ゴミワケルンジャー〜Forever〜」。ゴミワケルンジャーは燃やすごみに分別する「モヤスンジャー（青）」、物を大切にする「モッタイナインジャー（黄）」、リサイクルごみに分別する「マタツカエルンジャー（赤）」に再編成し、「分別戦隊ゴミワケルンジャー3R」へとリニューアルした。テーマ曲も一新（『忍風戦隊ハリケンジャー』の替え歌）された。

　大西保育所では、まずReduce（ごみの削減）の取り組みとして、給食で出る野菜や果物の皮などを堆肥化した。堆肥にした生ごみの量は50kgにも及んだ。堆肥にするために、自分が食べたみかんの皮を細かくちぎっていた子どもの姿が印象的であった。近所で菜園されている市民に堆肥を分けると、感謝された。市民からは、畑で収穫した野菜が子どもたちにプレゼントされた。

　大西保育所ではまた、Reuse（再利用）として前年度から行なっていた「水のリユース大作戦」をさらに発展させ、プールで使用した水をペット

ボトルで家庭に持ち帰ってもらう「もったいないから持って帰ろうキャンペーン」も実施した。持ち帰った水は、家庭菜園やトイレの水として再利用された。その結果、2ℓのペットボトル337本分のCO_2を削減し、前年度を大きく上回ることとなった。さらに、リサイクルマーケットを改め、もったいないマーケット（不用品交換会）を実施した。以前から行なっていた牛乳パックの回収で Recycle（再生利用）した牛乳パックは約4500枚にもなり、再生紙トイレットペーパーと交換された。

　また2004年度に立ち上げたゴミワケ推進委員会のなかで、保育所のおもちゃを大切に使うことを目的に、保育所から帰る際、子どもと一緒におもちゃを片付けて欲しいと保護者に呼びかけたところ「どこに片付ければいいかわからない」との意見があった。これをきっかけに2005年度に「劇的ビフォーアフタープロジェクト」が始動した。保育所内のおもちゃをすべて整理し、片付け場所がわかるよう各部屋の棚に貼れるマークが作成された。また、使用していないおもちゃを棚（もったいないマーケットの収益とYAAるぞカップの副賞で購入）に収納することで、子どもたちの発達に応じたおもちゃの出し入れもスムーズになっていた。

　大西保育所の2005年度のもう一つのテーマ（裏テーマ？）は「継続と定着をめざして」であった。公立保育所であるがゆえに毎年職員の異動は避けられない。保護者も入れ替わる。大西保育所の保育士たちは、活動を積み重ねることが活動の深化になることをこれまでの活動から実感していた。人が入れ替わっても取り組みを継続し、さらには定着させるためにゴミワケ推進委員会を発足したのである。公立保育所で市民との協働の形を確立し、継続と定着を見据えた取り組みを行なったことが評価され、2005年度のYAAるぞカップでは2年連続の優勝を遂げた。「YAAるぞカップ」での発表を見た参加者からは「すごい！　まさにPDCAのお手本みたいな取り組みですね」とコメントが寄せられた。大西保育所の保育士たちはそのとき初めて気づいた、「PDCAってこういうことやったん⁉」と。

(3) 人事異動は「大きい壁」だった

　活動の主となっている職員が異動することを見据え、ゴミワケ推進委員会が発足されたが、「やはり異動の壁は大きかった」。保育士たちは活動の進化は難しくても、それまでやってきたことを継続していければと考えていたが、年々、職員の異動とともに活動は縮小する傾向にある。決して異動してきた職員が悪いということではない。継続できなかった原因として「何のために、誰のためにするのか」という根本的なことを保育士間で意思統一できていなかったのである。

　それでもYAAるぞカップでの発表以降、大西保育所の取り組みは他の公立保育所に波及している。たとえば、牛乳パック回収ボックスを設置する保育所、夏季にプールで使用した水をペットボトルに移し替え、水遊びや菜園の水やりに再利用する保育所は増えた。同じ公立保育所として、簡単にすぐできることは真似しようという風潮（意思の統一）は捨てたものではない。

(4)「これでええやん！」から「これでええんか…？」に

　自分で考えて仕事をすることのおもしろさ、保護者（市民）と協働することの楽しさ、人に伝えること（プレゼン力）の大切さ……。ゴミワケルンジャーの活動を通して立石たちは多くのことを学んだ。実際に体験したことで、保育士たちの意識は変わってきた。なかでも一番変わったことは、常に「これでええんか？」と課題を探すようになったことである。以前は「去年と同じでええやん！」ですましていた。これではお役所特有の前例踏襲である。それがなぜ変わったのか。大きな要因は、保育士と保護者の協働だろう。保護者と対等な議論をすることで、保育士の感覚だけで物事を判断してはいけないことが理解された。「誰の視点でその仕事をするのか」ということを考えるようになり、それまでいかに保育士の視点で仕事をしていたかということに気づいたのである。

　ゴミワケルンジャーの取り組みのなかには、それまでの公立保育所では

例のない活動もあった。前例がないことに不安や戸惑いもあったが、庄本典子ら当時の保育士の力は大きかった。また、新たなことにチャレンジする保育士たちを温かく見守り、バックアップした所長の遅越叡美（当時）の存在も忘れてはならない。遅越や庄本ら多くの経験と熱意があったからこそ立石たち保育士一人ひとりの「変われた自分」があったのである。ゴミワケルンジャーの活動は、YAAるぞ運動のためにやったわけではないが、YAAるぞ運動がなければ、大西保育所の保育士たちは、ここまで変わることはできなかったに違いない。

5　柏原病院看護部

(1) 検査後の食事満足度をアップ

　大阪府柏原市の柏原病院西5階病棟では「お残しZERO大作戦!!」という業務改善に取り組んでいる。西5階病棟は内科の急性期、慢性期の混合病棟である。循環器内科には心臓カテーテル検査（「心カテ」）、消化器内科では腹部血管造影（「TAE」）などのカテーテル治療を受ける患者が入院している。患者は足の付け根の血管から検査を行なうので、医師の指示のもと、術後は床上での臥床安静が必要である。臥床安静とはベッドの上で寝たままの状態であり、患者は起きることができず、検査した方の足は伸ばしたままで横を向くことさえできない状態となる。そのため、術後では「食事は要らない」という患者、数口程度の食事しか摂取できていない現状に陥る患者が多い。術前と術後の食事量の比較では、心カテでは38％、TAEでは52.7％も低下している。患者の早期回復を考えた食事を出しても、臥床安静のため食事の摂取がなかなかすすまないのが現状である。

　柏原病院看護部では、患者が食べやすい食事に改善することで、食事摂取量を高める取り組みに着手した。まず、フィッシュボーンを用いて原因の究明を行なった。そこから見えてきたことは「食事の取りおきができな

い」「食事の選択肢がない」「検査後の発熱・疲労感がある」「寝たままでの食事のイメージがつかない」という点である。また、実際の食事摂取量から目標値（心カテ：25％以下、TAE：40％以下）を設定し、改善の実施対策を考えた。術後の食事内容についても患者にアンケートを行ない、「メニューの選択や水分の多い食事だと食べられそう」という意見や、「食事メニューを増やしてほしい」「飲み物をつけてほしい」という意見を見い出した。西5階病棟では、栄養科と相談し、常に手許にある食材を使用することで、いつでも作ることができ、コスト的にも現状を維持できるようなメニューを検討した。その結果、心カテ・TAE用のパン食が完成した。いままでの食事とは異なって、病院食初のサンドイッチもメニューに加わった。

　さらに、ご飯バージョンの改善にもチャレンジし、おにぎりの具にできそうな梅干や昆布を調理することにした。塩分が多く心臓病を患っている患者に適さない食事とならないように、栄養士や医師と相談を重ねた結果、塩分が調整できるカツオ昆布を具にすることにした。カロリーや塩分量も細かくチェックし、摂取オーバーにならないよう配慮し、主治医から食事提供許可が出た。患者の立場になって寝た状態で食事摂取も行ない、どのように配置すれば食べやすいかも考えた。これらを看護師用パンフレットとして写真つきで作成し、情報の共有を図った。また、実際の写真を載せた患者用食事メニューを作成し、患者が食事を選択しやすいように試みた。

　以上の効果として、食事低下は、心カテでは6.7％、TAEでは37.5％の低下に押さえることができた。患者アンケートでは、食事メニューが分かりやすかったが66％、食事は食べやすかったが44％という結果であった。

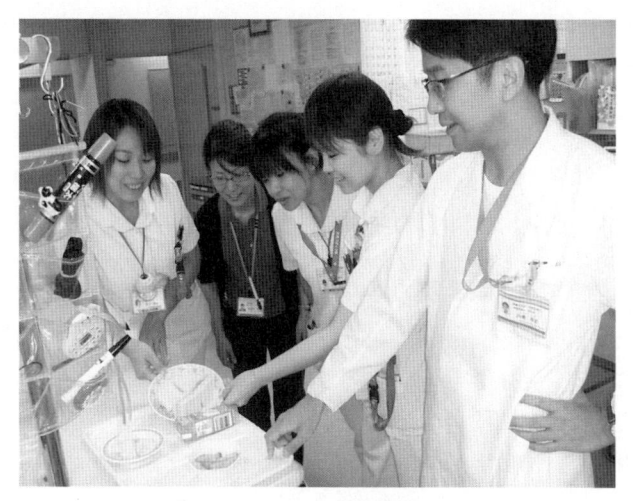

写真 5-4　メニューを検討する様子

6　山形市防災安全課
　　──防災服!! 劇的ビフォー・アフター

(1)　一課一改善運動からはじまった改善

　平成19年度、山形市では全庁的な業務改善の取り組みとして「一課一改善運動」を実施した。防災安全課ではそれまで、多くの職員が防災服のあり方に疑問を感じていた。防災服とは、防災対策本部設置時に本部員が着用する着衣のことで、山形市では防災服の上下・帽子・ベルト・半長靴を貸与していた。山形市では本部員に部長職の職員が従事することになっている。そのため、毎年、人事異動に合わせて、新しく部長職に昇任した職員を対象に防災服を貸与することになっていた。
　これらの貸与品は、貸与対象者の体型に合わせ、すべてオーダーメイドで準備していた。そのため、貸与品は返却後再び使用されることはなかった。また、防災服には1人当たり一式3万7000円の費用がかかっていた。毎年、人事異動や退職等により、平均6人の職員に新規貸与が行なわれていた。防災服の貸与だけで、毎年、22万2000円の経費がかかって

いたことになる。しかも、防災服の使用回数は総合防災訓練と水防訓練の2回だけである。[5]このような状況のなか、防災安全課では主幹の長谷川昌儀を中心に防災服のフルモデルチェンジに取り組むことになった。

(2) 防災服ベストへのモデルチェンジ

　防災安全課では、防災服のあり方を検討していくにあたり、これまでの既定概念を取り除くことからはじめた。民間業者のアドバイスなどもあり、防災ベストを採用することにした。防災ベストは、これまでの防災服という固定概念を払拭するものだった。防災対策本部員の制服に防災ベストを採用した自治体は、当時山形市が全国で初めてとされた。

　防災ベストには、さまざまな工夫が施されている。ベストという形状から、どのような体型の職員でも着用可能である。これにより退職時にも、後任に引き継ぐことができる。メッシュ素材であるためオールシーズン着用可能となり、中に着る服を選ばないデザインが採用された。夜光反射材の使用により安全面にも配慮されており、大小六つのポケットにより、収納性も格段に向上した。防災ベストの採用により貸与品が防災キャップのみとなったため、大きく経費を削減することができた。防災キャップは1個当たり3000円であり、防災服貸与時に比べて、1人当たり3万4000円、市全体で考えれば年間20万4000円の削減となった。

(3)「はながさ☆ぐらんぷり」への挑戦

　平成19年度「はながさ☆ぐらんぷり」に出場する改善事例の選考は、各部に任されることになった。[6]防災安全課が属する総務部においても選考が行なわれた。その結果、防災安全課が総務部の代表として出場することになった。実は、過去2年においても、防災安全課は「はながさ☆ぐらんぷり」に出場していた。市全体で3年連続出場することができた組織は防災安全課だけだった。この状況は、プレゼンを担当する三浦和城にとって、大きなプレッシャーになった。過去の状況を振り返ると、多くの発表

者がパワーポイントを使用して
いたが、三浦はそれまでパワー
ポイントを使用したことがほと
んどなかった。それ以前に大勢
の前でプレゼンをすること自体
初めての経験だったのである。
　試行錯誤を繰り返しながらの
作業は非常に大変だったと三浦
は振り返る。しかし、パワーポ
イントの機能を理解していくに
つれ、徐々にやり甲斐を感じる
ことができるようになった。発
表方式は、テレビ番組の「劇的

写真5-5　防災ベストについてのプレゼン

ビフォー・アフター」風にアレンジした。当日防災ベストを着用する部長役に扮する沼澤清志、そして交通指導員の小池美樹や渡邊悦子も出演した。課を上げて「はながさ☆ぐらんぷり」に挑戦することになったのである。これらの甲斐もあって、防災安全課の「防災服!!劇的ビフォー・アフター」は第3回「はながさ☆ぐらんぷり」でグランプリを受賞した。

(4) いざ、全国大会へ

　「はながさ☆ぐらんぷり」でグランプリを受賞したことにより、防災安全課チームは、第2回全国大会「あまがさき☆14」に出場することになった。当初、防災服を防災ベストに切り替えたに過ぎず、また経費的に見ても大きな削減効果があったわけではないこの改善事例が、全国から集まる自治体職員たちから共感を得られるか、防災安全課のメンバーは非常に心配だった。しかし、それも杞憂に終わる。全国大会用にアレンジし、さらに磨きをかけたプレゼンは、身近な改善の必要性を多くの参加者に伝えることができ、さまざまな自治体の関係者から「参考になった」との声を得たのである。

「あまがさき☆14」への参加を通して感じた思いを実践するため、三浦は翌年第4回「はながさ☆ぐらんぷり」の企画運営を行なう「はながさ☆ぐらんぷり実行委員会」[7]に参加した。全国大会のときに感じた、多くの自治体職員に業務改善の必要性を伝えたいとの気持ちを実践したいと考えたためである。その活動には、山形市役所内の各部署から多くの志高き若手を中心とする職員が集まってきた。

山形市の「はながさ☆ぐらんぷり」は、第4回で終了することになった。そのこと自体は非常に残念なことである。しかし、この発表会で三浦は司会を務め、全国大会で感じた思いを、多くの参加者に伝えることができた。身をもって周辺の職員に、業務改善の必要性を伝えられたのである。

【注】

1　福井市では、平成18年度から改善王選手権として取り組みをはじめており、職員提案型のコンペと職場実践型の業革の2本立てで業務改善に取り組んでいる。なお、現在は、全職員から困りネタを募集し、その困りネタを解決する知恵を集めた「職員の知恵袋」を活用しながら、職場で業務改善に取り組む形へとシフトしている。
2　平成20年5月から、住民票などの交付に際し、運転免許証等の提示による本人確認が義務づけられたため、現在の交付時間は約35秒となっている。
3　第15代市長 坂川優（2006.3～2007.10）の『ふくい「誇りと夢」プラン』。
4　平成18年度から平成20年度まで実施。
5　幸いにも防災対策本部が設置されるような災害がなかったことも影響している。
6　それまでは「はながさ☆ぐらんぷり」の企画運営を行なう実行委員会等が選考を行なっていた。
7　「はながさ☆ぐらんぷり実行委員会」は公募により集まった自主的な組織である。

業務改善運動と部長の役割

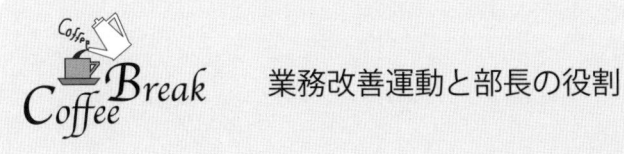

　山形市の「はながさ☆ぐらんぷり」は、平成18年度以前と平成19年度以降とで、実施スタイルが異なっている。それは「部長の役割」の違いに起因する。「はながさ☆ぐらんぷり」は、公募職員により構成された「はながさ☆ぐらんぷり実行委員会」が企画運営を行なっていた。委員会では発表会終了後にその年の反省点を毎回話し合い、次年度の活動につなげていた。2年目終了時点の課題として掲げられたのが「部長の役割の希薄さ」という課題である。そして平成19年度からは、「はながさ☆ぐらんぷり」で発表を行なう優秀改善事例を選ぶ「選考者」と、発表者を褒める「顕彰者」という二つの役割を部長に担ってもらうことにした。

　従前、優秀改善事例の選考は、「はながさ☆ぐらんぷり実行委員会」など一部の職員が、一定の基準に従い行なっていた。平成19年度からは、部長の「選考者」の役割として、各部ごとに選考を行なう方式に変えた。これにより、部長には部を代表する優秀な改善事例を選考する責任者としての役割が付与されることになった。部によっては選考会を行なうところもあった。部対抗形式への変更は、発表者に部の代表としての意識が高まり、改善内容とプレゼンの質を高めることにもつながった。

　部長の「顕彰者」の役割については、従前「はながさ☆ぐらんぷり」で行なう表彰は、賞状の授与のみであった。3年目からは、賞状に加えてグランプリ、準グランプリに賞金を授与するとともに、発表会に参加したすべての発表チームに賞品を渡すことにした。これらのものを準備するのに、公費負担は一切なかった。そのすべてをスポンサーシップとして、各部長は自らのポケットマネーから拠出していたのである。全発表チームに授与する賞品は、発表会終了後、部長から「お疲れ様」という一言を添えて直接発表者に渡された。

　「部長の役割」を明確化したことにより、さまざまなメリットがあった。第一に、各部長が「はながさ☆ぐらんぷり」に積極的に参加する機会が増えた。第二に、それまでは関係性が希薄だった部長と一般職員との距離が縮まった。組織を活性化していくためには「ほめる文化」と「楽しむ文化」を醸成していくことが重要である。「ほめる文化」と「楽しむ文化」を創り出す仕掛けづくりこそが業務改善運動を成功させる一つの秘訣である。部長が喜んでポケットマネーを拠出し、部下をほめることに楽しみを見出したとき、自治体の業務改善は本格的に稼動する。

第6章

縁の下の力持ち
業務改善運動事務局の掟

1 尼崎市のYAAるぞ運動

　尼崎市は2003年度、業務の進め方と職場環境を見直し、より良く改善していく職場単位での実践活動として、「YAAるぞ運動」を実施した。実施の背景としては、当時の財政状況は悪化の一途を辿っており、チャレンジ精神を発揮する機会が減少し、「新しいこと」「変えてみること」に立ち向かい、物事を成し遂げる経験が少なくなっていたことがあげられる。「すべての職員が職場の課題を見つけ、自ら積極的に課題の解決に取り組み、業務の改革改善につなげていく力を高め、職員の意識改革のきっかけとするとともに、チャレンジし続ける職場風土を醸成する」ことを目的に、「YAAるぞ運動」はスタートしたのである。

　「YAAるぞ運動」という名称は、市長の白井文が施政方針で示した「夢、アシスト、あまがさき。」の頭文字である「Y」「A」「A」に起因している。「改革改善を"やるぞ"」「改革改善することが"あるぞ"」という思いを込めて「YAA(やあ)るぞ運動」と名づけられたのである。さらに「や」「あ」「る」「ぞ」それぞれにも思いを込め、図表6-1のような基本精神が掲げられた。

　また、毎年度、1年間の「YAAるぞ運動」を通して、各職場の取り組みの成果を発表する優秀事例の発表会「YAAるぞカップ」が開催された。開催の目的は、①活動の苦労や努力を幹部・上司・同僚が「認めて」「ほめて」「励まし合う」場とする、②優れた取り組みを発表し、伝える情

図表 6-1　YAA るぞ運動の基本精神

や：やらされるのではなく、自ら進んで「やる」
あ：あきらめないで、とにかく「やってみる」
る：ルックアップを忘れずに「やっていく」
ぞ：ぞっこん楽しみながら「やりつづける」

報共有の場とする、③実際に行動した人の話を直接聞くことにより、書面では伝えきれない思いなどを含めた質の高いコミュニケーションを図る場とする、という福岡市の発表大会DNAどんたくの三つの目的に加え、④いい取り組みをマネ（コピペ）することとした。

　YAAるぞ運動は、組織的に強制された取り組みではなく、職場単位の自主的な判断によるエントリー制とした。しかし、3年間で延べ253チーム、4404人の参加があった（2003年当時の尼崎市役所の職員数は4375人）。参加職場においては、業務改善の取り組みが着実に進み、職員の意識に変化をもたらすなど大きな成果を上げたのである。

2　業務改善運動事務局の7つの掟

　YAAるぞ運動の立ち上げに当初よりかかわった吉田淳史は、3年間の

図表 6-2　業務改善運動事務局の7つの掟

掟1	業務改善運動のファンになろう。
掟2	無理せず、少しずつ浸透を図ろう。
掟3	かた苦しく考えず、気軽に楽しみながら取り組める仕組みを作ろう。
掟4	いつでも、迅速かつ親身になって相談にのろう。
掟5	善例は、認め、称え、ほめまくろう。
掟6	運動と発表会はセットものと心得よう。
掟7	同志とのつながりを大切にし、仲間に感謝しよう。

事務局としての経験から、業務改善運動の事務局に必要な心がけとして、図表6-2の"7つの掟"を掲げている。

3　掟1：業務改善運動のファンになろう

　吉田と業務改善運動との出会いは、2003年1月に遡る。尼崎市では2001年度から事務事業評価を本格的に導入していた。「福岡市が実施しているDNA運動について勉強し、尼崎市でも実施に向けて検討してほしい」という当時の上司、吹野順次（現尼崎市企画財政局長）の命令がきっかけで、事務事業評価を活用した身近な改善ができないかという問題意識から、業務改善運動に取り組むことになった。

　当時を振り返り吉田は、新たな仕事を立ち上げることに不安を感じながらも、「当時4000人以上いた職員のなかで、この仕事を担当できるのは1人だけである、言わばチャンスをもらった」と前向きに考えた。吉田は、困ったことや壁にぶつかったときなど「どうしよう、どうしよう」と考え悩むのではなく、「どう」と「しよう」の間に「に」と「か」を加え、「どうにかしよう、どうにかしよう」と常に前進の精神を持ち続ける大切さを強調している。

　2003年3月に吉田が見た福岡市「DNAどんたく」の印象は、ノリが学生時代の文化祭のようで「役所でこんな楽しい発表会をやってもいいのか？」というものであった。しかし、楽しみながら発表している職員の姿は、見ている人を惹きつける。どの取り組みも成果を上げている。吉田はこのことに感動し、あっという間にDNA運動とDNAどんたくのファンになっていた。

　尼崎市では、そうしたDNA運動の良いところを大いにマネし、尼崎流の味付けをして、2003年度から「YAAるぞ運動」をはじめることにした。吉田は庁内外の多くの協力を得て、自ら心底楽しみながら、前向きに取り組めたためか、3か月という短期間で実施にこぎつけることができた。業務改善運動の実施にあたっては、事務局として、業務改善運動を心

から愛する真のファンになることが必要なのである。

4　掟2：無理せず、少しずつ浸透を図ろう

　YAAるぞ運動に取り組む以前から、尼崎市では行政改革に取り組んでいた。当時の行政改革は廃止や削減が中心で、しかも、行政改革部門である一部の職員が「やらせる側」、残りの大多数の職員が「やらされる側」という、ほとんどの職員にとっては受け身かつ主体性のない改革であった。そうした改革も最初のうちは効果があったが、年数を経るにつれ行革慣れする職員も見受けられるようになった。たとえば、今年に続き、来年度も経常経費の10％カットの指示があることを想定して、本当は今年度からこの経費は削減できるが、来年度の削減用にとっておこうといった、いわゆるケズリシロを残すような行革慣れする職員も見受けられた。カット中心・削減中心の取り組みは限界に近づいていた。

　YAAるぞ運動はこれまでの「やらされる改革」とは違い、職員が「自らやる改革」であること、「現場のことは現場にいる自分たちが1番よく知っている、自分たちの腕の見せ所である」と感じ、そこに楽しみを感じてほしいとの思いを加えた取り組みである。そして、行政改革部門の役割をこれまでの命令する「指示」から、各職場の取り組みを応援し称賛する「支持」に変えることを発信し続ける改革でもあった。吉田は、1人でも多くの職員にYAAるぞ運動のことを知ってもらうよう、少しずつではあるが、着実に浸透を図るべく、次のような取り組みを進めた。

(1) 市長からのダイレクトメッセージ

　YAAるぞ運動のキックオフとなる開始宣言は2003年5月の連休明けに、市長の白井からYAAるぞ運動のキックオフを示す「開始宣言」がメールマガジンを通じ全職員に発信された。そのメッセージには、事務局が用意した案をもとに市長自らの思いが加えられ、最後に「実は私も一参

加者としてYAAるぞ運動に参加しようと思っています」の一文が添えられていた。5月の終わりから6月の初めにかけて計5回実施した基本研修では、最初に市長自らYAAるぞ運動に対する思いを直接職員に伝えるとともに、すべての研修に最後まで参加した。

　市長自らが開始宣言の最後に素敵なメッセージを加え、すべての研修に最後まで参加したことで、トップは最初の掛け声だけで、あとは事務局任せにするのではなく、一緒に取り組んでいくという白井のYAAるぞ運動に対する熱い思いが職員に伝わった。白井の思いに感銘を受けた職員は多く、実施にあたり職場の中心的役割を担う課長補佐以下の職員からは「市長と一緒に研修を受講できたことがうれしく、市長と一緒に頑張って取り組もうという気持ちになった」と述べている。

(2) ロゴマークの募集と活用

　市役所内でのYAAるぞ運動の知名度をあげる取り組みとして、職員からロゴマークを募集した。「採用されたロゴマークは、市長の名刺に使わせていただきます」を謳い文句に募集したところ、20代前半から50代後半までの幅広い層から13作品の応募があった。市長を交えて実行委員会スタッフで選考した結果、YAAるぞ運動と発表大会であるYAAるぞカップのロゴマークを決定して、YAAるぞ運動の浸透を図った。

図表6-3　YAAるぞ運動とYAAるぞカップのロゴマーク

(3) やあるぞ通信の発行

　積極的な取り組みを行なっているチームを紹介し、情報を共有する目的から「やあるぞ通信」を作成することにした。A4用紙4枚程度のニュースレターは、3年間で計50号が発行された。

　記念すべき第1号は、教育委員会事務局の各チームがそれぞれの取り組み状況を発表するKIリーグ中間発表会の様子を紹介した。この「KIリーグ」というネーミングは、教育委員会の頭文字である「K」「I」をとったというのが表向きの理由である。KIリーグの仕掛け人である吉村俊生（当時、教育委員会事務局総務課参事）の話によれば、実は教育長であった小林 巖のイニシャルをも意識したかけ言葉であった。教育委員会事務局のトップもYAAるぞ運動に参加するチームを応援しているというメッセージを、遊び心を交えながら発信していたのである。

　第2号以降は、職場訪問の様子や成果をあげているチームを写真入りで紹介することで、良い意味での競争意識が醸成されている。YAAるぞカップに出場するチームのキャプテンやコーチの意気込みも紹介されている。第1回「YAAるぞカップ」で、グランプリに輝いた「燃焼系[2]コスト式こんな運動してみたら（クリーンセンター）」では、キャプテンが「仕事は燃焼系、気分は健康系でYAAるぞ！」、コーチは「ごみ処理と同様、完全燃焼目指します！」といったユニークな一言コメントを添えて紹介されるなど、ここでも遊び心は忘れられていない。

　「やあるぞ通信」は、職員有志で構成する「YAAるぞ通信社」のメンバーが、職員が読みたくなる、また読んで楽しい紙面づくりに努めた。「やあるぞ通信」は、参加チームのモチベーションの向上に加え、庁内の関心層の拡大にもつながったのである。

5　掟3：かた苦しく考えず、気軽に楽しみながら取り組める仕組みを作ろう

　YAAるぞ運動を実施する動機は、事務事業評価を活用した身近な改善

ができないかということであった。しかし、テーマが限定されるため、どうしても「やらされ感」が残った。また、事務事業評価との関係が薄い保育所など現場の職員が参加できないといった事情を考慮して、取り組みテーマは各チームに任せ、「敷居は低く、間口は広く」するスタンスでエントリーが受け付けられた。事務局は、かた苦しく、難しく考えるのではなく、「小さく産んで大きく育てる」という考えのもと、まずは参加してもらうことを優先すべきである。気軽にエントリーでき、そして楽しみながら取り組めるよう、事務局は率先して次のような遊び心を取り入れた仕組みづくりを行なった。

(1) たとえはサッカー

　YAAるぞ運動では、参加チームをサッカーチームになぞり、局長はオーナー、部長は監督、課長はコーチ、課長補佐以下の活動推進者をキャプテンという親しみやすいネーミングを使い、役割分担が明確にされた。また、定期的に実施したキャプテン研修においては、目標設定のための帳票はゴールイメージシート、ハーフタイムミーティングというようにサッカーにたとえて表現するなど、職員が楽しみながら学べる工夫が施された。

(2) エントリーは臨機応変に

　予算要求書や決算報告書など、市役所内部での書類の提出期限は、通常、各職場の仕事の繁忙期などを考慮することなく、一律に設定されるが、YAAるぞ運動のエントリーでは、できるだけ多くのチームの参加が可能となるように、エントリー期間が第1次（7月末）、第2次（8月末）、第3次（9月末）の計3回設定された。

　1年目には、第3次エントリー終了後に参加を希望するチームがあったため、ロスタイム受付を行なった。結果として計4回で113チームがエントリーした。2年目以降は、あらかじめロスタイム受付を含めたエント

リー期間を設定し、回数も年4回とした。

(3) 第1印象グランプリ

「やらされる改革」ではなく、自ら進んで楽しみながら取り組める改革であることをアピールするため、事務局からは基本研修の場で「まずはチーム名から凝ってください」という依頼が行なわれている。YAAるぞ運動の基本精神の一つである「ぞっこん楽しみながら『やりつづける』」を反映して、素晴らしいチーム名や期待される取り組みテーマが数多く見受けられる。

事務局では、第1印象が重要であることを踏まえ、エントリーシートである出場申込書の「チーム名」と「取り組みテーマ」を見た第1印象で、投票を行なう第1印象グランプリを実施した。得票数の上位3チーム（ベストトップ賞・ベストハーフ賞・ベストバック賞）に加え、市長・助役・収入役が選ぶ特別賞を設定し、表彰状が贈られた。この特別賞は、当時の白井市長の「白」、中村助役の「中」、江川助役の「江」、矢野収入役の「矢」をとり、遊び心も交えながら、図表6-4のとおりのネーミングとされた。

図表6-4　遊び心を交えた特別賞のネーミング

白井市長賞	：「白うとばなれの発想で賞」
中村助役賞	：「中なか期待できるで賞」
江川助役賞	：「江え感じで賞」
矢野収入役賞	：「矢ってくれそうで賞」

3年間のベストトップ賞（グランプリ）受賞チームは次のとおりである。
① 1年目……燃焼系[2]コスト式、こんな運動してみたら（クリーンセンター）

②　2年目……今年も「YAAるぞ!!」子育て支援（武庫保健センター）
　③　3年目……アクションKYODO（協働参画課）
　特別賞を受賞したチームからは「最初のうちは通常業務に追われ、なかなか取り組みが進まなかったが、第1印象グランプリで『江え感じで賞』に選ばれたことがメンバーのやる気に火をつけた」という声が寄せられた。

6　掟4：いつでも、迅速かつ親身になって相談にのろう

　人間、やる気があっても「何をしたら良いのか？」「どのようにすれば良いのか？」といった疑問や悩み、困りごとがあると、なかなか前に進むことができない。そうしたことから事務局では、キャプテンの疑問や悩みに対し、迅速に対応するとともに、親身になって相談にのる努力を重ねた。キャプテンから悩みごとについて相談があった場合、事務局はその日のうちに相談者のもとに飛んで行き、話を聴くようにした。

7　掟5：善例は、認め、称え、ほめまくろう

　YAAるぞ運動を進めるうえで、事務局が特に意を用いたのが「善例は認め、称え、ほめまくろう」という点である。役所は、ほめることが上手くない。失敗したら叱られるが、成果を上げてもほめられるということがあまりなかった。しかし、たとえ大人になっても、ほめられると正直嬉しいもので、事務局はいい取り組みはどんどんほめる工夫を行なった。
　当時、事務局の吉田は「小さいことを叱られた人は大きく沈み、小さいことをほめられた人は大きく浮かぶ」という言葉を意識した。吉田は小さなことであっても、いい取り組みは認め、称え、ほめまくるよう心がけた。事務局として、キャプテン研修の際、グループ討議を行なっている参

加者のテーブルを回って話を聴き、情報を得るなか、研修終了後、即座に「研修で話していた○○という取り組み、とても素晴らしいと思うので、是非実現させてください」といったメールを何通も送ったのである。そして、ほめることを徹底するためトップも巻き込み、「ほめる文化」の醸成に向け、次のような取り組みが行なわれた。

(1) 市長がゴー

「YAAるぞ運動」では事務局がほめるだけでなく、優れた取り組みやユニークな取り組みを行なっているチームを市長が訪問し、メンバーと意見交換を行なう「市長がゴー」が実施された。訪問先では、キャプテンを中心にメンバーが自分たちの取り組みを市長に説明した。市長の白井は、現場を見ながら説明を聴き、チームの取り組みについて、ほめて、ほめて、ほめまくった。そして最後に一言、気づいたことをさりげなく示唆した。ほめられた喜びがさらなる改善意欲につながり、市長のアドバイスをヒントにして、さらなる改善を行なうという良い循環が生まれた。事務局も予想しなかった、大きな副産物であった。

実際に「YAAるぞカップ」の発表の場で「あのとき市長がアドバイスしてくださったこれもやりました！」と報告を行なうチームがあった。市長が訪問したチームは取り組みがさらに進むようになった。ちなみに、1年目に「市長がゴー」で職場訪問した7チーム中5チームが、予選を突破し、YAAるぞカップにコマを進めたこともあり、2年目には、両助役・収入役が職場を訪問する「助役の"どう"」「収入役の"どう"」を新たに設け、トップ層と職員が直接意見交換を行なう職場訪問の充実が図られた。

ここで「市長がゴー」をきっかけに取り組みが進化したチームの一例を紹介しよう。それは、1971年の出張所開設以降、初めて市長が訪問し、意見交換を行なったことが職員のYAAる気に火をつけた東消防署チーム名「毎日コツコツ美っ化美化」である。東消防署では66人の職員全員が、無理なく継続して毎日取り組めることからはじめようと「庁舎周辺の清掃、ごみの分別」をテーマに取り組みが進められていた。市長の訪問

後、「放火されにくい環境づくりを目指した毎月4日の"放火防止対策指導日"も強化しては」という職員の意見が採用され、危険と思われる対象物45か所に対し延べ160回の指導を行ない、28か所が改善されるという成果を上げた。

「市長がゴー」「助役の"どう"」「収入役の"どう"」は、市のトップである市長を含む三役に直接、ほめてもらうとともに、意見交換し、励ましてもらうことで、現場職員の意欲がさらに高まることを期待した仕掛けであった。また、普段現場に行きたくても行く時間が取れない三役からも好評の企画となった。2010年、2期8年務めた市長白井文の退任式でも、挨拶のなかで「YAAるぞ運動」のことが言及され、「YAAるぞ運動があったおかげで職員の皆さんとの距離が縮まった」という言葉を残している。

(2) YU（ゆ）ーくぞ職場

事務局では、できる限り多くのチームを訪問し、いい取り組みを称賛するとともに、直接、意見交換を行なうことで、電話やメールでは伝わりにくいニーズなどを把握したいという思いから、YAAるぞ運動を支援した㈱UFJ総合研究所の島﨑耕一と吉田の2人が職場を訪問する「YUーくぞ職場」（吉田の「Y」とUFJの「U」をとり職場に「行くぞ」とをかけたネーミング）が実施された。

第三者である島﨑から認められることで、職員のモチベーションは向上した。また、聴き上手で称え上手の島﨑が絶えず発信し続ける「ほめほめ光線」を受け、取り組みがブラッシュアップしたチームは数知れない。「市長がゴー」など三役の職場訪問と「YUーくぞ職場」に加え、事務局による非公式訪問をあわせると、3年間で訪問したチームは数え切れない。

(3) 局予選とプレーオフ

尼崎市では、「YAAるぞ運動」への参加と同様、「YAAるぞカップ」

での発表についても、各チームの意思を尊重した自主申告制が採用された。1年目に発表希望調査を行なったところ、45チームが発表を希望した。良い意味での競争の観点から、各局で予選を実施し、局の代表として「YAAるぞカップ」で発表するという方法が採用された。

　局予選では、局長・部長が審査員となり、各チームの発表を審査した。素晴らしい成果を上げているチームが多く、局長・部長からは称賛の言葉が発表者に浴びせられた。日頃、局長と顔を合わせることが少ない出先職場の職員からは「惜しくも予選で敗退したが、直接局長からあんなに多くのほめ言葉をいただき、来年度もさらに頑張ろうという気持ちが湧いてきた。必ずリベンジします」といった声が事務局に寄せられた。

　すべての局予選に参加した事務局の吉田は、「予想をはるかに上回る高いレベルの戦いが繰り広げられ、素晴らしい成果を上げているにもかかわらず、残念ながら予選で敗退したチームも相当数あった」と言及している。2003年度、予選で敗退したチームのうち9チームが再度集まり、プレーオフが実施された。プレーオフで見事復活を遂げた3チームのうち、2チームが第1回「YAAるぞカップ」で特別賞および審査員特別賞を受賞した。

(4) なるほど・ザ・やあるぞ

　惜しくも予選で敗退し「YAAるぞカップ」出場を果たせなかったチームは多い。そうしたチームの取り組みについては、局予選だけで情報を留めるのではもったいないと考え、第1回「YAAるぞカップ」のエンディングで紹介した。「いい取り組みはマネしよう！」を合い言葉に、1チームあたり1分程度にまとめ、「なるほど・ザ・やあるぞ」として、披露した。そのとき会場は、大きな盛り上がりとなった。

(5) 審査委員が賞を創設

　局予選やプレーオフを突破し「YAAるぞカップ」で発表したチーム

は、すべて表彰された。良い意味での競争という観点から、グランプリ1チーム、特別賞1チームには表彰状に加え、カップが授与された。第1回「YAAるぞカップ」では、出場チームのレベルが高かったことから審査が難航し、最後は「カップを二つしか用意していない事務局が悪い！」との結論に至ると同時に、新たに特別賞が一つと審査員特別賞が三つ創設された。審査委員長の石原俊彦の呼びかけにより、審査委員のポケットマネーで、四つのカップを購入することになった。審査委員も「いい取り組みはほめる」という姿勢を貫いたのである。

(6) 報告書大賞

「YAAるぞ運動」をはじめるにあたり、「YAAるぞ運動に参加するイコール発表しなければならないのであれば、参加しない」という声が事務局に寄せられた。「YAAるぞカップ」での発表は、各チームの意思が尊重されたが、各チームから提出された活動報告書を見ると、発表を希望しないチームのなかにも、素晴らしい成果を上げているチームが数多くあった。

事務局では、頑張って成果を上げたチームを多くの人に知ってほしい、また、いい取り組みは市として共有したいという思いと、「YAAるぞカップ開催」の目的である「優れた取り組みは、認めて、ほめるとともに、情報共有を図る場」とする意味から、書面参加部門を設け表彰することにした。

選考方法は、A4サイズの報告書を縦130cm、横90cmに拡大し、「YAAるぞカップ」の開催当日、会場のエレベータ前に掲示し、参加者がこれを見るというものであった。参加者が1番良いと思った報告書にロゴマークのシールを貼ってもらい、シールが1番多かったチームは報告書大賞として表彰された。

(7) ハットトリック賞

優秀事例の表彰に加え、「YAAるぞ運動」の最終年の2005年度には、

基本精神の一つである「やりつづける」ことを達成した23チームに3年間の継続を称え、ハットトリック賞として"継続の証"が贈られた。

8　掟6：運動と発表会はセットものと心得よう

　業務改善運動に参加したチームは、それぞれが自主的に取り組み、さまざまな成果を上げている。その成果を認め、称え、ほめるとともに、市として共有するためにも、発表会を開催することが必要である。また、発表会には、幹部を含む多くの職員に参加してほしい。報告チームは、多くの参加者の前で発表し、大きな称賛の拍手を浴びることで活気づく。「YAAるぞカップ」では、市の三役である市長・助役・収入役が審査委員として参加するとともに、オーナーや監督などの幹部職員によるチーム紹介など、市の経営層や管理職を巻き込むことで、「ほめる文化」の醸成に努めている。「職員として約40年役所生活を送るなか、1度はスポットライトを浴びてほしい」という浪速節的な発想が、業務改善運動では重要なのである。

　発表会で大切なのが、プレゼンテーションのための資料作成である。職員にとっては、パワーポイント資料を作成する過程において、現状と課題の把握にはじまり、取り組み計画⇒実行⇒成果⇒今後の課題といった振り返りが必要となることから、自然とPDCAサイクルを体得することができた。また発表することで、プレゼンテーション力に磨きがかかるなど、個人のスキルアップにもつながった。パワーポイントに馴染みのない職員が多いなか、発表資料づくりなど、事務局が多大な支援を行なったことも忘れてはならない。

　2004年度以降、パワーポイント研修の講師を務めた鄭英柱（当時、特命担当局公共施設再配置計画担当主任）には「素人の私にも親切に教えてくださってありがとうございました。研修での教えを忠実に守りながら、ほんの少し遊び心を入れて発表資料を作り上げましたが、多くの方に認められ、ほめていただくことができ、本当にうれしかったです！」といった

声が寄せられた。

　研修を受講後、パソコンを購入し、自宅で楽しみながら資料を作成していると、いつの間にか朝を迎えていたという、パワーポイントの虜になった職員も多い。ある保育所では、研修を受講した職員が講師となって職場研修を実施したり、園外保育の様子をパワーポイント資料で作成し、保護者の方々に喜ばれた。これらは、パソコン技術の上達が、市民サービスの向上につながった一例である。

9　掟7：同志とのつながりを大切にし、仲間に感謝しよう

(1) 尼崎市職員同志のつながり

　「YAAるぞ運動」では、職場の中心的役割を担う課長補佐以下の職員がキャプテン・副キャプテンとして、チームをまとめながら、取り組みを進めた。1年目には副キャプテン制度は設けられていなかった。しかし、キャプテンから「副キャプテンのポストを作ってほしい」という声が寄せられた。1年目の各チームの活動を振り返ると、成果を上げているチームには、キャプテンと一緒に頑張っている人物が存在することが分かった。2年目以降、副キャプテンを設けることにしたところ、取り組みが進み、さらなる成果につながった。「物事を成し遂げることができない大きな理由は孤独である」という言葉があるが、まさに1人よりも2人、2人よりも3人と、同志の多さは取り組みの成果に比例する。そして、業務改善運動においては、同じ百歩であっても、1人が百歩進むよりも、百人が1歩ずつ進むことが大切であることが改めて実感されるところである。

　地方自治体における研修では、主任研修、係長研修といった階層ごとに行なわれるものや、職種ごとに行なわれるものが多いが、YAAるぞ運動のキャプテン研修には、各チームからキャプテンや副キャプテンが参加するため、さまざまな役職や職種の人が集まることになり、これまでにないつながりが生まれた。研修参加者からは「取り組みを進めるにあたり、

とても勉強になる。他のチームの取り組みを知ることで、いい刺激を受けた」という声が寄せられた。研修を通じて他の職場の業務が分かり、勉強になるだけでなく、良い意味での競争意識が醸成され、さらなる取り組みにもつながったのである。また、キャプテン同士、お互いの困りごとを出し合うなか、相互に協力を行なうなど、事務局が予想しなかった仲間・同志としてのつながりが深まったのも大きな成果である。

(2) 他の自治体職員同志とのつながり

　尼崎市の吉田は、他の自治体から「YAAるぞ運動の話をしてほしい」という依頼があれば、喜んで話をしに行くという。また、尼崎市を視察に訪れた関係者にも、詳しく説明を行なうなど、業務改善運動の実施を考えている同志をできる限り応援することをライフワークにしている。

　吉田によれば、他の自治体職員と関わるなか、業務改善運動のファンになり、何としてもこの運動を実施したいとの思いが強く、職場の同僚を巻き込む力をもっていると感じる職員、尼崎市の改善を推進した同志と「同じニオイのする職員」は、必ずと言っていいほど、業務改善運動の実施にこぎつけている。山形市、北上市、大阪市、豊橋市、福井市、柏原市、京丹後市などがその代表例である。

　2011年5月末に吉田は、東北地方を訪れた。寒河江市では職員研修として、酒田市と仙台市では自主勉強会で、「YAAるぞ運動」の話を行なった。吉田は、3市のいずれにおいても「同じニオイのする職員」と巡り逢うことができたと喜んでいる。寒河江市には、総務課課長補佐で職員担当の土屋恒一がいた。土屋は「自分が変わる、組織が変わる、そして……まちが変わる」という寒河江市の人材育成計画の実現に向け、業務改善運動が必要かつ有効であるとの考えから、吉田を講師とする職員研修を実施した。研修の最後には、改革推進委員の募集を行なった。土屋のスピード感を伴った行動力に対して、改革推進委員に早速、応募があるなど、リーダーシップがあれば、業務改善運動の実施もそう遠くはないと確信される。

　酒田市でも勤務時間外にもかかわらず、30人の職員が参加した。勉強

会の発起人で、リーダーの松永隆はもちろんのこと、若手代表の國松真也、現在育児休業中の佐藤洋輔、関西人に負けないノリの阿部吉成、長老のニックネームで親しまれている本間義紀といった中堅・若手・ベテランの各層に「同じニオイのする職員」がいた。酒田市ではすでに2011年1月、業務改善運動のミニ発表会が開催されており、さらなる広がりが期待される。

　仙台市では、通常業務に震災関連業務も加わるなど、多忙ななかにあって、Team Sendai のメンバー十数人と吉田は意見交換を行なった。Team Sendai は、発起人である鈴木由美を中心に結束力が強く、メンバーの支援者である労務課長の佐藤忠之の言葉を借りると「鈴木さんに声を掛けられ、勉強会に参加した職員は、知らぬ間に『鈴木牧場』の『子羊』となっている」とのことである。震災現場で大活躍の消防士の太田千尋、保健師の伊藤ひな子と伊藤加奈子、被災者支援に奮闘する磯部健二、藪内しずか、柳谷理紗、被災自動車撤去など迅速な対応に努める遊佐敏明、若手代表の佐藤幸輝、嶋田浩之といった子羊たちは、志の高い素晴らしい職員である。さまざまな役職・職種・年代の方々が集まった Team Sendai が中心となり、抜群のチームワークのもと、仙台市でも業務改善運動の取り組みがはじまることに疑いはない。

(3)「YAAるぞ運動」の同志「Ping!Pong!Pang!運動」

　多くの自治体が、それぞれ業務改善運動に取り組んでいるが、そのなかでも特に「YAAるぞ運動」と同じニオイのする業務改善運動がある。北上市の「Ping!Pong!Pang!（ピン・ポン・パン）運動」である。北上市の高橋謙輔の言葉を借りると、北上市の改善運動は今では数少ない「石原本流」である。

　きたかみ「Ping!Pong!Pang!運動」は、北上市の全庁的業務改善改革実践運動の愛称である。誕生の背景であるが、従来からそれぞれの職場では日常的に業務改善が行なわれていたものの、それが情報として共有されていなかった。優れた取り組みを他部署にも取り入れられるような仕組みの

必要性を、北上市では強く感じていたのである。

とかく業務改善、行財政改革といった取り組みはマイナスイメージでとらえられがちである。北上市も経営資源が継続的に縮小し、度重なる節減型の改革に限界を感じていた。だからこそ、義務化した品質管理運動として進めていくのではなく、遊び心を持ちながらみんなで楽しむような取り組みにしていきたい、そして優れた取り組みをみんなで認め、ほめ、マネできるような組織文化へと変革していきたいという思いから、2006年度に「Ping!Pong!Pang!運動」がスタートしたのである。仕組み作りにあたっては、業務改善運動の先進市である福岡市、尼崎市、山形市、富士市の取り組みが参考にされた。

「Ping!Pong!Pang!運動」の名前のとおり、合い言葉は「仕事の改善点に『ピン』と気がつく人材づくり、アイデアを『ポン』と出せる気軽に話せる環境づくり、思わず『パン』と手を叩く改善内容」である。各職場、各職員がそれぞれ担当する業務において、自らの課題を自らの手で見つけ、その課題を解決するために自由な発想により改善改革への取り組みを実践する。具体的なテーマは、①業務の効率化、②市民サービスの向上、③業務の正確性向上、④職員の意識改革、⑤職員の能力向上、⑥職場環境の改善、⑦経費節減・収入の増につながるものであればなんでも良いと、された。「Ping!Pong!Pang!運動」を全庁的に推進するために、北上市では公募職員20人による業務改善改革推進委員会が組織されている。業務改善改革推進委員（「推進委員」）の役割は、庁内での運動の普及啓発や発表会の企画・運営などである。推進委員は1年の任期で、所属・職種・年齢が異なるメンバーが集まり、年間計画を立てて活動している。ニュースレターの発行や、新規採用職員研修、職員を運動に巻き込む仕組み作りなど、年度ごとに工夫を凝らした活動を行なっている。推進委員は運動の盛り上げ役であり、この運動が職員にとって義務的な取り組みではないからこそ、推進委員の担う役割は非常に大きいといえる。

北上市では各職場での改善事例を全庁的に共有し・認め・評価し合うために、事例発表会であるきたかみ「Ping!Pong!Pang!祭」が開催されている。発表会の前に所属する各職場の取り組みを部内で審査し、優秀事例と

して推薦されたチームが部代表として発表会に出場する。発表会は劇場型の場を作って行なう。ここは「職員一人ひとりにステージでスポットライトをあてたい」という推進委員こだわりの場づくりでもある。

「Ping!Pong!Pang!祭」には、市長、副市長、部長が必ず出席する。演出のなかで、審査員コメントや部長の応援コメントを織り込み、発表者・経営陣・参加者のコミュニケーションを積極的にとるようにしている。視察に来た他の自治体職員の多くが、発表会の演出の柔らかさに対して驚いて帰っていく。このように自由闊達な雰囲気で運動が歩んできた要因は、市長である伊藤彬のリーダーシップである。行財政改革の柱の一つとして「Ping!Pong!Pang!運動」を掲げ、推進委員の無理な願いも厭わず、一緒になって運動を盛り上げてくれたのが当時の伊藤彬市長であった。

この運動の成果と課題について簡単に整理すると、まず、成果については、部内審査や発表会等を通して、職員のプレゼンテーション能力が向上したこと、若手職員を中心に改善活動に積極的に関わる職員が増えていること、年々、取り組んだ経験のある職場が広がりを見せてきていること、職員の改善に対する意識が変わってきたことなどがあげられる。

課題については、年々、マンネリ感や燃え尽き感が見られること、業務改善運動に取り組むこと自体が目的になる恐れがあること、できることからの改善のため、ダイナミックな業務改革にはつながらないことなどがあげられる。「Ping!Pong!Pang!運動」は、職員が主役のムーブメントである。北上市では現状の成果と課題を踏まえ、運動の仕組みを随時見直し、改善が当たり前の組織風土となることを目指したいと考えている。

「Ping!Pong!Pang!運動の前後で1番変わったことは何か？」と問われれば、「ピンポンパン」というコミュニケーション・ツールが職場に生まれたことである。仕事や職場で課題が発生したとき、何かを改善しようとするとき、他愛のない雑談のなかで……、さまざまな場面で、「これピンポンパンでできるんじゃない？」「これ去年のピンポンパンで○○さんがやっていたよ」といった会話が庁内のいたるところで聞こえてくる。上司と部下とのコミュニケーションも深まる。面識のない職員とつながるきっかけにもなる。北上市では今後も「ピンポンパン」な精神をもった職員が

どんどん増えて、変わること・変えることを恐れない組織であり続けると期待される。「明るく元気に前向きに」北上市らしいやり方で業務改善は引き続き継続されていく。

10 あなたはYAAるぞで賞

「YAAるぞ運動」に取り組むなかで、尼崎市の事務局は多くの職員の実名をあげ感謝の気持ちを表している。「職員みんなで取り組み、達成感や満足感を得られたことが何よりの収穫である」との感想を寄せた初代グランプリ、クリーンセンターのキャプテントリオ、井上義啓、永井一広、藤川安彦。今夏、節電が叫ばれるなか、クリーンセンターでは職員が一丸となり、節電はもとより発電量を増加する取り組みを率先して進めるなど、「YAAるぞ魂」はいまだ健在である。

「21世紀を担う子どもたちに環境問題に興味をもってほしい」とゴミワケルンジャーが登場する絵本を作成するなど、環境教育に取り組み2年連続でグランプリに輝いた大西保育所のビッグ3、遅越叡美、庄本典子、立石由起江。「あなたに会えて良かったと言われたい」を合い言葉に生活相談者に対する就労支援を行ない、特別賞を受賞した笹部紀子、林美佐子、梅園慶子。特別賞を含め3年連続で「YAAるぞカップ」に出場し、進化を遂げるとともに、改善合宿を実施するなど、活動を通じ若手職員の育成にも努めた新屋美智子。新屋は再任用職員となった現在も、新たなマニュアル作成に取り組んでいる。

オッサン29人の暑苦しさを熱い力に変え、初代SSB賞および第3回特別賞を獲得した「築地クリーン隊」の山雅成。汚泥の減量や契約電力の見直しを行なうなど経費削減に努めるとともに、その取り組みを異動後の職場でも実践した村林篤。ヒヤリハット活動を通じ、安全衛生意識の定着化に努め、公務災害ゼロを達成した藤正明、境寿夫。抜群のリーダーシップを発揮するなか、職員それぞれが役割を果たしながら、親しみやすく明るい施設を目指した巻き込み名人の高寺秀典[2]。

そして、3年間事務局で汗を流した吉田には、第3回「YAAるぞカップ」の最後に、「YAAるぞ運動に関わったすべての人一同」から「あなたはYAAるぞで賞」という図表6-5のような感謝状が授与された。

図表6-5　あなたはYAAるぞで賞

あなたはＹＡＡるぞで賞

ＹＡＡるぞ吉田さま

ＹＡＡるぞ運動とあなたによってあまがさきは確実に変わりました。
ＹＡＡるぞ運動はあなたがいなければ実現しませんでした。
ＹＡＡるぞ運動の成功はあなたの努力によるところが非常に大きいです。
ＹＡＡるぞ運動に対するあなたの功績を称え、ここに感謝状を贈ります。

２００６年２月１７日

ＹＡＡるぞ運動に関わった全ての人一同

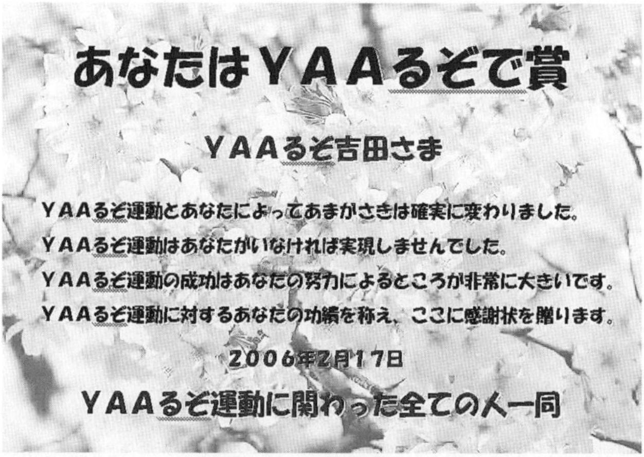

【注】

1　ここでの紹介は、北上市役所の髙橋直子の原稿を参考にまとめたものである。
2　高寺秀典は、本書の編著者石原俊彦の従兄。

Coffee Break

全国都市改善改革実践事例発表会 数字の呪縛

　第1回全国大会の開催都市である山形市のネーミングは「ALL JAPAN やまがた☆10」である。ここで注目すべきは、「☆10」でスタートとしている点だ。このネーミングは初めての開催という意味と星のように輝く10事例による発表会という二つの意味が掛け合わされている。実は、このネーミングが、第2回大会以降の開催都市に数字の呪縛をかけ、担当者を苦しめ（？）てしまうことになる。ネーミングを考えるにあたり、その年の参加自治体数に絡めた名称にしなければならないという見えざるプレッシャーが生まれたのである。

　第2回の尼崎大会では参加自治体数の14にちなんで「ALL JAPAN あまがさき☆14」となった。「☆14」でジューシーと呼ぶが、これは旨みのある改善14事例による発表会であることをあらわしている。続く第3回は福井市で開催されたが、この年は18自治体が参加したことから「ALL JAPAN 18 ☆ふくい」と名づけられた。「18 ☆」で一番星と呼ぶ。これには全国各地で輝くカイゼンの星を一堂に集め、「共鳴」「共有」「共学」という三つのテーマを掲げた発表会にしたいとの意味が込められていた。そして、第4回となる中野大会では参加自治体数が20にまで増えた。その結果、大会名は「改船　なかの 20 丸」と名づけられた。このネーミングは、20自治体が二重丸の改善事例を乗せて改善の旅に出る船をイメージしている。

　この数字の呪縛に真っ向から立ち向かった自治体が、第5回の開催都市となった北上市である。北上市でも当初は参加自治体数に合わせたネーミングを検討した。しかし、なかなか参加自治体数を確定できない状況のなか、ネーミング検討に時間を割くよりは、発表会自体の質を高めていきたいとの想いから、最終的には「カイゼン万博 2011 in いわてきたかみ」というネーミングに決定した。

　ようやく数字の呪縛から解き放たれた瞬間である。第6回の大分大会では、果たして、この数字の呪縛が復活するのか、それとも「カイゼン万博」を受け継ぐのか、あるいは新たなネーミングが考案されるのか、その動向が注目される。

第7章

業務改善運動全国大会

　全国都市改善改革実践事例発表会（「全国大会」）は、山形市からスタートした。なぜ、山形市だったのか。本章では、全国大会の発意から経過、計5回にわたる全国大会運営の舞台裏を織り交ぜ、その概要を整理することにしよう。

1　やまがた☆10（スタート）

(1)　はながさ☆ぐらんぷり

　2007年2月7日、山形県生涯学習センター遊学館ホールで第1回全国大会が開催された。名称は「ALL JAPAN やまがた☆10（スタート）」である。全国にきらめく自治体の優秀な改善10事例を一堂に集め、全国規模で改善情報の「共有」を図るとともに、来場した全参加者が自治体の業務改善の本質に気づき、自らの職場で、効率的な行政運営と不断の改善改革に取り組むといった「共鳴」を起こすことを目的とした大会である。

　全国から10個のキラ星のような改善事例を山形市に集めたこと、また第1回目の全国大会であることから☆（スター）10（ト）と命名された。業務改善運動らしい、遊び心を交えたネーミングである。しかし、全国大会を引き継いだ担当者は、この後この名前の呪縛に悩まされることになる[1]。

　「やまがた☆10」のきっかけは、2006年に開催された山形市の業務改善運動の事例発表会「はながさ☆ぐらんぷり」である。2006年の「はなが

さ☆ぐらんぷり」の特徴は、山形市の10個の事例発表に加えて、他都市の事例発表が8個もあったことである。この成功が、全国大会開催の布石となった。

図表7-1　10の改善事例（キラ星）が輝くイメージの山形大会のポスター

(2) 山形市で開催

全国自治体の改善事例を集めた全国大会を開催したいという思いは、2004〜05年ごろから、業務改善運動にかかわる福岡市、名古屋市、尼崎市の担当者間で話題になっていた。互いの業務改善事例発表会を視察しあうなかで、担当者間はこの話題で相当に盛り上がっていた。2006年夏、山形市で全国大会を開催したい。全国の事例を見て、山形市職員の気持ちを盛り上げるきっかけにしたいと、山形市の大泉信一は、まず親交のあった尼崎市の吉田淳史に相談した。

大泉と吉田は、それ以前から業務改善運動の担当者間では全国大会が話題に上っていたこともあり、まずは業務改善運動の発祥地、福岡市の意向を尊重すべきだろうということで、福岡市との親交も深い関西学院大学の石原俊彦に相談した。石原は、「福岡市での講演の際に確認する」と答えた。この年の秋には福岡市長選挙が控えており、DNA運動の推進者であった福岡市長山崎広太郎の去就が、開催の判断に大きく影響すると考えていたからである。

選挙後、当時の福岡市の担当者からは丁重な断りがあった。3市の担当者と石原は、他の自治体の担当者も入れ替わりはじめていたなかで、人

的、経済的に全国大会を誘致する力を備えているのは、山形市だけと判断した。第1回全国大会はこうして山形市で開催されることになった。

(3) 体育会系の「やまがた☆10」実行委員会

　全国大会の開催に向けて、山形市で実行委員会が組織された。メンバーは、企画調整課の大泉信一を筆頭に、國井康彦、松沢聖、後藤好邦、奥山敏行、文化振興課の鈴木一、浄化センターの遠藤直樹、健康課の奥山早苗、都市計画課の開沼美穂、建設部管理課の武田敬史、市民課の山科晶子、商工課の高橋昌史の総勢12名。協力者として、尼崎市から、吉田淳史と立石孝裕が参加した。

　この山形市実行委員会は、業務改善運動の歴史に残る優秀なスタッフたちであった。実行委員会のメンバー全員が各自の役割を理解して、業務を遂行するために考えて行動していた。音楽担当の開沼は数曲の音楽を決めるために、何百枚ものCDを聞き、全国大会の雰囲気にあった音楽を選曲した。松沢は、オープニングを飾るパワーポイントの製作のために、何日も寝ない日が続いた。山科は全国各地の発表会を視察に回り、とうとう尼崎で倒れてしまった（酒のためではない）。

(4) 大成功の「やまがた☆10」

　山形大会には、全国から札幌市・岩手県北上市・横浜市・静岡県富士市・名古屋市・大阪市・兵庫県尼崎市・福岡市の8自治体が参加した。開催地である山形市は二つの事例発表を行ない、計9団体10の改善事例について発表が行なわれた。それに加えて、行政経営の先進国であるイギリスのイーストボーン市企画課長のスチュアート・ラッセル（Stuart Russell）から、業務改善運動についてのビデオメッセージ[3]が寄せられるなど、業務改善運動にふさわしい「遊び心」を盛り込んだ演出が華を添えた。

　全国大会は改善情報の共有ならびに、効率的な行政運営と不断の改善改革に取り組む「共鳴」を起こす目的で開催している。それゆえ各自治

写真 7-1　発表自治体の報告書に見入る「やまがた☆10」の参加者
（ホワイエには各都市の改善運動の様子を紹介する展示パネルが飾られた）

体の発表内容については、審査員がコメントを行なうものの優劣は決めなかった。

　「やまがた☆10」が星と虹をイメージしたポスターを採用したことから、各市に色のイメージをつけたテーマで表彰することとした。また副賞は、発表自治体が各地の名産品を持ち寄り、それらを交換して持ち帰る形式とした。この伝統は、後に続く5回の全国大会に引き継がれている。全国大会には、日本各地の47団体から130名、山形市職員200名以上を含む総勢約460名の参加があった。急遽、客席に臨時の椅子を用意しなければならないほどの大盛況ぶりであった。発表者でさえも、別に用意された控室のテレビモニターを通じて、会場の様子を見るような状態であった。

　ちなみに多くの自治体では、「改革」⇒「改善」という順番で用いられることが多いが、全国大会の名称は「全国都市"改善改革"実践事例発表会」となっている。これは、山形市の「はながさ☆ぐらんぷり」が改善改革実践事例発表会とされていたためであり、それが、引き継がれている。

図表 7-2 「やまがた☆10」発表自治体と表彰内容

表彰名	自治体・所属名	表彰内容	取組テーマ	発表大会名
レッドスター賞	横浜市港南区サービス課・保育園	問題解決対策が最も的確である取り組み	子どもたちに温かいご飯を！	ハマリバ収穫祭
オレンジスター賞	尼崎市大西保育所	改善事例の企画立案が最も優れている取り組み	分別戦隊ゴミワケルンジャー〜Forever〜	YAAるぞカップ
イエロースター賞	山形市浄化センター	新たな視点で果敢にチャレンジした取り組み	ここは施設更新用地で〜す。	はながさ☆ぐらんぷり
グリーンスター賞	山形市山形テルサ	プレゼンテーションが最も優れていた取り組み	こたえていく かなえていく	はながさ☆ぐらんぷり
ブルースター賞	札幌市保健福祉局チーム シンジラレナ〜イ！	今後波及効果が最も期待できる取り組み	ヘンシン!! 本庁舎	元気の種コレクション
インディゴスター賞	富士市広報広聴課	今後の課題認識が最も的確である取り組み	捨てる紙あれば拾う紙あり？	ChaChaChaグランプリ
バイオレットスター賞	名古屋市八事霊園斎場管理事務所	最も成果・効果を実感できた取り組み	会葬者に不快感をいだかれない斎場にしよう！	なごやカップ
やまがたスター賞	福岡市城南区保健福祉センター衛生課	最も当市への応用・活用が期待できる取り組み	かんきちくんでシックハウス予防	DNAどんたく
いしはらスター賞	北上市収納課	改善運動を全国へ発信することが期待される取り組み	現場で起きた問題は職員一人の問題ではなく、係全体のものとして解決しよう	きたかみ Ping!Pong!Pang!祭
SETスター賞	大阪市立大学医学部中央放射線部	官民問わず活用が期待できる取り組み	放射線を扱う"安全くん"たち	カイゼン甲子園

2 あまがさき☆14（ジューシー）

(1) 山形市から尼崎市へ

2007年の山形大会の成功からおよそ半年後、山形市の後藤好邦が自身の社会人大学院（東北公益文科大学）の修士論文の取材を兼ねて、尼崎市役所を訪ね、切り出した。「全国大会の灯を消さないでほしい」。全国大会

のノウハウはすべて提供するので、第2回全国大会を尼崎市で開催してほしいというのである。

当時、尼崎市の業務改善運動は5年目を迎え、運動に対する職員の意識はマンネリ化しつつあった。吉田淳史と立石孝裕は、全国大会の尼崎市開催を起爆剤にしたいと考え、内部調整の煩わしさが頭をよぎったものの、引き受けることにした。しかし、全国大会用の予算を確保していたわけでもない。会場からすべてにおいて、過去、最も質素な大会に向けた取り組みがキックオフされたのである。

図表7-3 「ジューシー」のイメージで作成した尼崎大会のポスター

業務改善運動の全国大会開催を決定するには、市長、副市長の了解を得るよりも、そこに至るまでの了解を得る方が困難であると考えた吉田と立石は、まず、市の業務改善運動発表会の審査委員長であり、市の行政経営の相談役でもある関西学院大学の石原俊彦の日程を予約し、市長、副市長の日程まで仮押さえをしたうえで、上司にプレゼンを行なうことにした。「石原先生のお墨付きがあるならば」との戦略が功を奏し、2008年3月末に尼崎市で全国大会を実施することが決定されたのである。

(2) 妻が決めたネーミング

全国大会の準備については、山形市の協力を仰ぎ順調に進んだが、なかなか決まらなかったのが大会のネーミングである。「ALL JAPAN あまがさき」までは簡単であったが、山形大会が10チームの発表で☆10（ス

タート）と読ませる形態であったことから、このスタイルの継続に立石は頭を悩ませた。ネーミングのためには、早い段階で発表自治体数を確定する必要がある。名前が決まらないと、チラシやポスターが作れず、マスコミや近隣自治体に正式な案内ができないからである。

　ところが、自治体によっては、1月以降に行なわれる庁内の事例発表会にて、全国大会にふさわしい内容か、発表内容を見たうえで、参加、不参加を決めたいという自治体があった。心の中では葛藤があったが、立石はできるだけ各自治体の意向に沿うよう、2月中旬まで待つことにした。そして、ようやく14事例の発表会とすることが決定した。

　ネーミングについては、吉田とともに「☆14」でスタート・フォー（For）、☆10（セイント）＋4（フォー）など考えに考えたあげく、立石は妻の立石由起江にも相談し「☆」を無視して、14団体で単純に「Juicy（ジューシー）」と名づけることとした。Juicyには「旨みのある」という意味もあり、旨みのある改善事例の発表会なら、趣旨にもあうと考えたのである。

(3) 前夜祭で次回、次々回開催都市が決定

　いよいよ、全国大会「ALL JAPAN あまがさき☆14（Juicy）」を明日に控えた2008年3月23日、日曜日の尼崎市役所の庁議室でリハーサルが行なわれた。発表会場を2日間、抑える予算がなかったためである。ここでうれしいハプニングが起きた。この日、市民との会議のため、庁舎を訪れた市長の白井文がリハーサルを表敬訪問したのだ。前日から尼崎市に来た自治体関係者に深々と頭を下げる市長の白井の後ろ姿に多くの市職員が感動した。

　24日の大会本番の夜にも発表者、参加者からなる懇親会を予定していたが、前日にも発表者同士が親密になれるよう前夜祭を企画した。山形大会に引き続き、尼崎大会の審査委員長を引き受けた関西学院大学の石原俊彦が、尼崎大会のゲストコメンテーターである前福岡市長の山崎広太郎や京都市副市長（当時）の山崎一樹とJR尼崎駅近辺で会食中の席に、リ

ハーサルに参加した自治体関係者が合流（乱入）したのである。

そしてその場で、福井市の牧田美佐穂と東京都中野区の酒井直人が第3回全国大会の誘致を表明した。両団体の「福井は蟹を用意します」、「中野サンプラザを抑えます」といったプレゼンテーション合戦を繰り広げた結果、石原の裁定により、2009年は福井市、2010年は中野区で全国大会を実施することが決定した。

（4）あまがさき☆14が、☆13に？

2008年3月24日。「ALL JAPAN あまがさき☆14（Juicy）」の開催日。あいにく、この日は尼崎市議会3月定例会の最終日と重なってしまったため、審査員を兼ねる尼崎市長の白井文、副市長の中村昇、江川隆生が遅れて到着することになっていた。そのため、3審査員席に、尼崎市の分別戦隊ゴミワケルンジャー3R が着席し、場内アナウンスでは「尼崎市長、副市長が扮する分別戦隊ゴミワケルンジャー3Rが皆様をお迎えしております」とアナウンスをかけた。これも遊び心である。

写真7-2　ゴミワケルンジャー3Rに変身し、審査員席に座る尼崎市長、副市長（？）

開会直前、北上市政策企画課の金田明から緊急連絡が入った。「飛行機のエンジントラブルのため、大阪空港到着が遅れます」。北上市は5番手で発表予定であったため、司会を担当する福井市の牧田美佐穂と、元漫才師で尼崎市に転職した江上昇に、到着時間に合わせて、発表を差し込むことを伝え、全国大会はスタートした。順番のやりくりは必要になったが、なんとか時間内に北上市は到着し、14団体の発表を無事に終えることができた（図表7-4）。

図表7-4　「あまがさき☆14」発表自治体と表彰内容

都市名	表彰名称	発表内容・テーマ	所属	大会名
福井市／福井県	JUICY"売り込み"大賞	情熱と信頼の保留地販売！	区画整理第1課・区画整理第2課	改善王選手権〜業革・冬の陣〜
丹波市／兵庫県	JUICY"盛り込み"大賞	社会教育ナビレンジャー	社会教育部	バリ3ダービープレ大会
柏原市／大阪府	JUICY"節約でECO"大賞	柏原電気保安協会	柏原病院看護部	かしわらチョイ革ダービー
豊橋市／愛知県	JUICY"手作り"大賞	プロジェクト"のんほい"	総合動植物公園管理事務所	やるまいええじゃないか！スタジアム
北上市／岩手県	JUICY"これぞ協働"大賞	農村公園を変身させるゾー	農地林務課	きたかみPing!Pong!Pang!祭
磐田市／静岡県	JUICY"郷土愛と広告"大賞	フジポットへのオーナー制度導入と有料広告掲載	商工観光課	磐田市一係一改善運動
山形市／山形県	JUICY"発想の転換"大賞	防災服‼劇的ビフォー・アフター	防災安全課	はながさ☆ぐらんぷり
札幌市／北海道	JUICY"実験でECO"大賞	リンスで省エネ‼札幌発省エネ技術	新エネルギー政策課	元気の種コレクション
京丹後市／京都府	JUICY"信頼構築"大賞	コミュニケーション図り隊	環境推進課	TAN^{5}リンピック
大阪市／大阪府	JUICY"IT活用"大賞	大阪市都市整備局リンク新聞＋みんなのブログ	都市整備局事業管理担当	カイゼン甲子園
中野区／東京都	JUICY"顧客関係"大賞	美化戦隊「クリーンエンジェルス」出動‼	子ども育成分野	おもてなし運動発表会
静岡市／静岡県	JUICY"便利に改良"大賞	ひねるとジャー	水道維持課	KAIZEN事例発表会
名古屋市／愛知県	JUICY"顧客接点"大賞	五月病なんか吹っ飛ばせ‼	交通局管理課	なごやカップ
尼崎市／兵庫県	JUICY"愚直に継続"大賞	にぎわい商店「きょうDO屋」	協働参画課	『普通ニ改善』大発表会

尼崎市の全国大会のスタッフは、尼崎市職員17名、次回開催市の福井市の高島弘和ほか、山形市、柏原市、福井市、三菱UFJリサーチ＆コンサルティング㈱の職員が有志として参加。ALL JAPANにふさわしい官民混成チームで運営した。会場となった尼崎市立労働福祉会館大ホールには、尼崎市職員を含み、北は札幌市から南は長崎市まで、全国から79団体約400人の参加があり、盛況のうちに幕を閉じることができた。

　尼崎大会でも、山形大会に引き続き、発表自治体のなかでの優秀事例の紹介と、全国大会には参加できなかった自治体の事例を紹介した（図表7-5）。このうち、ワンステップアップ運動の福山市は第3回福井大会から毎回全国大会に参加している。

図表7-5　「あまがさき☆14」スポット紹介した7団体と発表テーマ

都市名	発表内容・テーマ	所属	大会名
名古屋市／愛知県	材料チェックを早くしたい	上下水道局　でこぼこフレンズ25	なごやカップ
福井市／福井県	市民サービス向上を目指した取組み	市民生活部市民課	改善王選手権　～業革・冬の陣～
尼崎市／兵庫県	尼崎の伝統野菜　尼藷（あまいも）PR隊	都市整備局農政課	『普通ニ改善』大発表会
福山市／広島県	エコでえ～ことキャンペーン	環境管理課　福山クリーンセンター（リサイクルプラザ）	ワンステップアップ運動
富士市／静岡県	栴檀（せんだん）は双葉（ふたば）より芳（かんば）し、すくすく伸びろナースの芽	看護専門学校　未来のナース発掘隊	ChaChaCha運動
山形市／山形県	市民投票による補助制度（山形市市民活動支援補助金）	企画調整課　市民活動支援センター	はながさ☆ぐらんぷり
豊明市／愛知県	WELCOME! TOYOAKE FIRE DEPARTMENT ～楽しく学べる防災テーマパークを目指して～	消防署第1係＆消防総務課連合チーム	Good Jobショー

3 「18☆ふくい」から「なかの20丸」「カイゼン万博」へ

(1) 18☆(いちばんぼし)ふくい

　山形市、尼崎市で開催された全国大会は、2009年に福井市で開催された。尼崎大会から1年後、「18☆」で一番星と読ませる福井大会では18自治体18事例の発表が行なわれた。三重県庁（水産研究所）が都道府県で初めて参加、発表を行なった。司会は、尼崎大会の前日、全国大会の誘致合戦で戦った福井市の牧田美佐穂と、次回開催地の東京都中野区の酒井直人が担当した。この福井大会から全国の自治体職員有志がフォーマル・インフォーマルな立場で全国大会の実行委員会に名を連ね、自ら協力するという形も定着した。

　開催日は、2009年3月23日。大会はニュースZEROのメイン・キャスターでお馴染みの村尾信尚のビデオメッセージではじまった。参加自治体数の「18」から青春18キップならぬ、改善18キップがチラシ、ポスターに描かれた。大会全体のコンセプトは「改善の一番星を目指す旅」である。自治体の紹介時には、「次は○○市～、○○市でございます」という車掌のアナウンス風の紹介が入るなど、細かいこだわりが各所に見られた。

　参加者が感動したのは、チラシの左上に描かれた改善18

図表7-6 「18☆ふくい」のチラシ
（左上が改善18キップ）

作成は福井市実行委員の今市泰代

写真7-3　発表風景（北上地区消防組合）

　切符である。切符をよく見ると、停車駅の検印がある。右から山形市19.2.7、尼崎市20.3.24、福井市21.3.23と判が押してある。当日開催の福井市と過去2回の全国大会の開催日が刻まれている。右端には47-1804という数字が見える。これは当時の都道府県と市町村数である。全国に業務改善運動の輪が広がることを願っての数字である。
　さらに、右下にこの切符の発行日が書かれている。「13.-2.-16」。しかも発行は福井市ではなく、福岡市となっている。この日付は、福岡市の第1回業務改善運動事例発表会「DNAどんたく」の開催日である。全国の自治体業務改善運動はこの日からはじまったということを、小さな数値は鮮明にわれわれに知らしめてくれている。福井大会を振り返って、牧田は言う。「改善18キップには無期限という文字が入っています。その切符でまた福岡市に行けることを楽しみにという願いも込めて」。
　ところで、「18☆ふくい」の特筆すべき点は、消防に関連する所属チームが三つもあったことである。しかも、静岡市と北上市の消防チームは、互いの発表を見て、「帰ったらすぐマネするよ！」とエールの交換がなされていた。[7]

第7章 業務改善運動全国大会　127

図表7-7 「18☆ふくい」発表自治体と表彰内容

自治体	所属	テーマ	発表大会名
札幌市／北海道	白石区保健福祉部	職場内"インターンシップ"！「他課業務体験研修」	元気の種コレクション
北上市／岩手県	北上地区消防組合	AEDを用いた心肺蘇生法の授業への新たな取り組み「学校教師を応急手当の指導者として育成。生徒に対して指導を実践」	きたかみ Ping! Pong! Pang!祭
山形市／山形県	消防本部予防課	届出必要？ないと思います！「重要文化財『文翔館』での催物開催に係る届出行為の見直し」	はながさ☆ぐらんぷり
中野区／東京都	あさひ保育園	ただいまグリーンキャンペーン中!!「保護者、子どもがほっとできる癒しの空間づくり」	おもてなし運動発表会
横浜市／神奈川県	金沢区サービス課 釜利谷保育園	身近な改善「大川公園まごころ運動」──子どもたちの小さな社会貢献──「保育園児の環境美化活動が、地域に区役所に『まごころ運動』の輪を広げた」	ハマリバ収穫祭
静岡市／静岡県	消防防災局 千代田消防署・清水消防署	不用品の再利用による災害対策！「廃棄防火服から冷却ベスト・廃棄ホースから応急担架」	改善事例発表会
磐田市／静岡県	生活文化部市民課窓口係	市役所の顔！市民課の総合窓口 大カイゼン！「総合窓口化での受付体制等の確立」	磐田市一係一改善運動
名古屋市／愛知県	上下水道局技術本部施設部 中部山崎水処理事務所	汚泥供給ポンプ逆止弁清掃時の作業効率アップ！「汚泥供給ポンプ清掃時の危険解消と効率アップ」	なごやカップ
豊橋市／愛知県	環境部環境保全課	お客様、窓口はこちらです！〜環境部のご案内〜「誰もが迷うことなく目的の窓口へ」	やるまいええじゃないか！スタジアム
岡崎市／愛知県	都市整備部建築課	清掃委託業務の統一化「清掃業務改善による清掃品質管理とコスト削減への取り組み」	OKグランプリ
三重県	水産研究所	日頃のメンテで経費削減！〜水産研究所メンテナンスチームの活動「職員の『気づき』から自主的にメンテナンスチーム結成!維持経費を削減!!」	率先実行大賞
京都市／京都府	北区役所 北区役所改革実践チーム	「市民サービスの向上は職員の意識改革から」	優秀提案発表会『トライ！京舞台』
貝塚市／大阪府	上下水道部営業課	ミニミニ大作戦〜スモールステップで着実な前進〜	ATTACK No.1 グランプリ
柏原市／大阪府	市立柏原病院 医事総務課＆看護部主任会	主任さん、もう堪忍してください！「ゴミの減量に向けて」	かしわらチョイ革ダービー
尼崎市／兵庫県	健康福祉局武庫南保育所	パクパクモグモグイーティング「日々の生活に日本食を！『食育』の推進」	『普通ニ改善』大発表会
丹波市／兵庫県	財務部財政課	元気で安心して暮らせる未来のために「わかりやすくする改善 BEST3」	バリ3ダービー
福山市／広島県	学校教育部学校保健課	食育推進に向けた教材としての給食提供「郷土食・地産地消を学校給食メニューで実現しました」	ワンステップアップ運動
福井市／福井県	企業局営業開発課	よりみちプラスワン作戦〜帰り道　油売らずに　ガスを売れ〜「御田開き活動による都市ガスの需要拡大」	改善王選手権『業革oh！実践』

北上地区消防組合に同行してきた北上市の菊池明敏によると、発表した面々は、「いやーこんな経験初めてだった。福井に来ることがあるなんて思わなかった。救急なんて日頃ほんとにつらい仕事。血を毎日のように見て、悲惨な現場見て、この頃多いのは自殺現場で。仕事と割り切っても耐えられないものがある。でもね、こんなに楽しい事があったらこれだけで少し持つよね。発表すごくウケていたよね！　石原先生が、こっそりと『アンタら1番！』と言ってくれた」と、福井大会の夜にホテルで話をしてくれたそうだ。この言葉を聞いて菊池は、役所の業務改善、組織風土改善、意識改革など、大それたことではなく、この一つの言葉だけで改善をする価値があると納得した。

(2) 改船（カイゼン）なかの20丸（にじゅうまる）

　2010年3月19日に行なわれた第4回全国大会の開催地は、東京都中野区である。交通の便の良さを生かして来場者は600人を超えた。自治体職員だけでなく、区民をはじめ、公務員予備校生にまで、来場を呼びかけるなど、業務改善運動を将来の職員に向けて発信している発想が素晴らしかった。中野大会では、参加団体が20団体まで増え、和歌山県有田川町（田殿保育所）が町役場で初めて参加した。また、この大会では、市立病院、保育所ともに3事例ずつの紹介があった。

　中野大会の名称は「改船（カイゼン）なかの20丸（にじゅうまる）」である。これまで用いられてきた「☆」の使用を早々にあきらめ、発表自治体数が20であったことから20（二重）丸に。さらに、船舶の名前のようになったことで改船（カイゼン）と読ませて、大会運営のコンセプトを「改善の航海に出る」ことにした。ちなみに、会場の「なかのZEROホール」会場入口に飾られた操舵（船のハンドル）は、中野区の全国大会の担当者で静岡市出身の宮本志穂の実家からお借りしたものである。こうした演出は、中野区が前年、福井市に発表者以外の職員を4名派遣していたことで、実現されたのである。

　従来から中野区のおもてなし運動は、実行委員が主体の運動であり、

図表 7-8　横長になり、スタイルが洗練された第 4 回全国大会のチラシ「改船」で「かいぜん」と読む

毎年、18 名程度のメンバーが入れ替わりで担当してきた。中野全国大会は、かつて実行委員の経験のある永見英光が実行委員長に、現おもてなし推進委員会副委員長の酒井直人が副実行委員長になった。そして、青木大（舞台担当）をはじめ、約 30 名の職員が実行委員に名を連ね、他の自治体職員も大会を応援する体制がとられた。

　中野区で「おもてなし運動」を実施している以上、全国から集まる自治体職員へのホスピタリティには手を抜けないという酒井の考えのもと、実行委員たちは飲み屋マップ、ラーメン屋マップの作成、参加自治体に 1 人の職員（サーバント）が付くなどして、中野区で楽しんでもらうためのおもてなしに、きめ細かな配慮がなされた。

　実行委員のなかで、オープニングと最後の映像制作を担当した高橋良平は、採用 1 年目の建築技術職員である。全国大会後、「1 年目から自分のもっている技術をここまで活かせたおもてなし運動にこれからもかかわりたい」と感想を語ったという。福井大会と同様、中野区には全国大会の前々日から、インフォーマルな形で、さまざまな自治体職員が応援に駆け

図表7-9 「改船なかの20丸」発表団体と表彰内容

自治体	表彰名	所属	テーマ	発表大会名
福井市／福井県	スムーズ対応賞	下水管理課 下水道お客様サービス室	苦情やクレームのデータベース化 共有ホルダーに「お客様の声整理簿」を作成する	改善王選手権『業革oh!実践～アクション大魔王～』
丹波市／兵庫県	げんき一番賞	こども育成課柏原保育所	丹波は田舎か否か?? ～つちふまずで頭を守る～	パリ3ダービー
尼崎市／兵庫県	つながるプロ意識賞	交通局運輸課	イ明～治維ッ新!(イメージ一新) 賞"安全・安心・快適・経済性"の向上をめざして…	『普通ニ改善』大発表会
福山市／広島県	心かようホスピタリティ賞	福山市民病院附属神辺診療所	手話に親しモウ～ 耳の不自由な患者様との意思の疎通をスムーズに	ワンステップアップ運動
八尾市／大阪府	ホット思いやり賞	市立病院5階西病棟	わかりにくくて、ごめんね、ごめんね～ 褥婦の満足度を高める為の試み	やおちょい変え運動
柏原市／大阪府	おいしい改善賞	市立柏原病院看護部西5階病棟	突撃!!寝たまま晩御飯 検査後ベッド上安静の患者様の食事満足度を高める	かしわらチョイ革ダービー
貝塚市／大阪府	団結スクラム賞	教育部有志	危機管理能力を高める 災害発生時の備えと対応能力アップ	ATTACK No.1グランプリ
有田川町／和歌山県	育むECO賞	有田川町立田殿保育所	牛乳パックでリサイクル 資源ごみを利用して、ものを大切にする心を育てる	有田川SANSYOサン発掘プロジェクト
三重県	笑顔のバトンタッチ賞	草の実リハビリテーションセンター	福祉機器リサイクルで肢体不自由の子どもたちの生活をサポート 使われなくなった福祉機器を再利用、子どもたちの療育の一助に368件!!	率先実行大賞代表
名古屋市／愛知県	咲き誇る協働賞	緑政土木局熱田土木事務所	熱田土木事務所による市民協働 市民との協働	なごやカップ
岡崎市／愛知県	開拓魂賞	契約課	契約事務の効率化と合理化 契約事務改善による請負業者と市の両者にメリットある効率化等への取り組み	OKグランプリ
磐田市／静岡県	Goodサイクル賞	総務部福田支所福祉課	担当外でもこなせる窓口業務!! 出先機関の悩み解決! 業務共有による時間外の削減	磐田市一係一改善運動
静岡市／静岡県	真心サービス賞	福祉総務課	コミュニケーション支援ボードの常備 「思いやり」をステップアップ	改善事例発表会
川崎市／神奈川県	広がる未来賞	田島地区健康福祉ステーション	生活保護世帯の中学3年生の進路を支援しよう 福祉事務所における高校進学支援プログラムの策定	チャレンジ☆かわさき選手権
杉並区／東京都	輝くアイデア賞	危機管理室危機管理対策課	ひったくり被害防止啓発物品「すぎなみバンド」・「すぎなみバッグ」開発物語 昨年急増したひったくり被害の防止啓発のため、新たな視点で改善・開発する	めざせ五つ星の区役所運動
所沢市／埼玉県	あふれる地元愛賞	総合政策部広報課	ひばりぽーと ～ひばりちゃんの知っトコ!所沢案内～ 子どもから大人まで、みんなで楽しめるホームページコーナー!	有言実行宣言発表会
山形市／山形県	魅力のまちづくり賞	市所蔵美術品の巡回展示検討チーム	美術品で文化の香り高く温もりある街に 市所蔵美術品の巡回展示	職員提案制度
北上市／岩手県	快適3つ星賞	上下水道部上水道課	おいしい水づくりへの挑戦 水道水の異臭味対策	きたかみPing! Pong! Pang!祭
札幌市／北海道	熱意のチャレンジ賞	消防局特別機動査察隊	現場から発進!!本気の連携～違反根絶への挑戦 関係機関との連携強化により、市民の皆さんに更なる安心・安全を!	元気の種コレクション
中野区／東京都	ふれ愛満点賞	本町保育園	ほっとひと息 ほっとタイム 忙しい…。疲れてる…。そんな保護者にほっとタイム♪おもてなしのひとときをどうぞ	おもてなし運動発表会

つけた。中野区の職員たちにとって、それは非常にうれしい申し出であった。そして、それまでの準備でも徹夜寸前の状態だったうえに、夜のおもてなしが大変であったという。連夜のもてなしのため、発表会当日は1時間も遅刻したという副実行委員長の酒井は、「全国大会を開催した以上、中野区のおもてなし運動のレベルを落とすわけにはいきませんでした」と感想を述べている。全国大会を開催する自治体というプライドが、ほどよいプレッシャーになっていたのである。

(3) カイゼン万博 2011 in いわてきたかみ
　　〜見て、聞いて、感じる自治体業務改善〜

　カイゼン万博 2011 in いわてきたかみでは、舞台の上に飾られたカイゼンの「カ」の字をあしらった高さ2m強のモニュメント「カイゼンの搭」が縦に二つに割れて、中から実行委員長の木野渉があらわれた。そして、開会宣言を行なうという、度肝を抜く演出ではじまった。

　中野大会に引き続き、全国20自治体が参加。2011年3月4日当日の北上市の天気予報は、曇り時々雪、最高気温0℃、最低気温マイナス6℃。必ずしも交通利便性が良いとはいえない岩手県北上市に全国から500人以上の視察があった。

　大成功に終わった北上大会ではあったが、開催には紆余曲折があった。北上市の人口は約10万人。職員数は650人の自治体である。大きな自治体ではない。それでも、自治体業務改善運動として、北上市では「きたかみ Ping! Pong! Pang!（ピンポンパン）祭」を過去4年間実施してきた実績があったが、全国大会規模のイベントを2008年度に実施したこともあり、職員間にある種の燃え尽き感があった。

　2010年度以降、全国大会を誘致したい自治体がなく、業務改善運動の担当者間では、改善運動の運営、またイベントを行なう自治体としての実力がともに揃う北上市にて、全国大会開催を切望する声が高まり、2010年の夏頃から、関西学院大学の石原俊彦による北上市の菊池明敏への説得工作がはじまった。そして秋には、400円の生ビールと450円のたこ焼き屋（阪急電車梅田駅の高架下の店）で了解を取るに至ったのである。

図表7-10 「カイゼン万博2011 in いわてきたかみ」のチラシ
見て、聞いて、感じるがテーマ

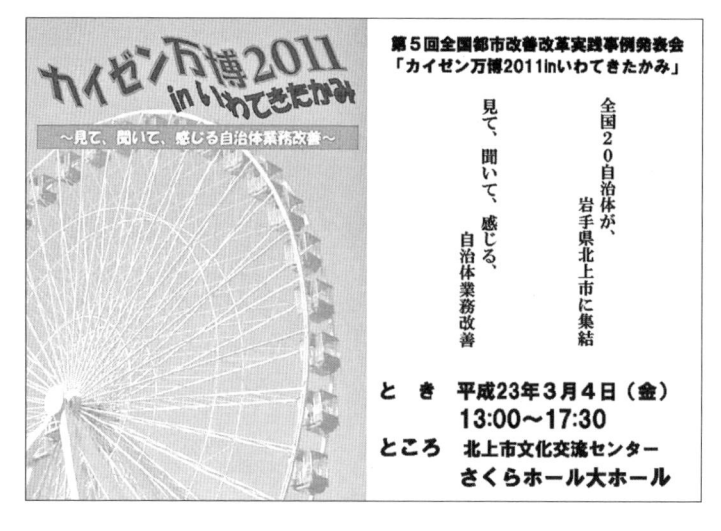

　「ESを向上させることは組織文化、組織風土の改革をもたらし、組織風土が変われば、高いCSが達成される」という菊池によると、北上大会は、「元気な職員が明日を創る」という趣旨で一貫し、カイゼンの搭のほかにも、シンフォニアノビリッシマ、ジュビリー序曲、キャンディードなどの名曲を用いたバックミュージック、「レ・ミゼラブル」をイメージした舞台照明・演出、前座の盛り上げまで、業務改善運動が楽しくて仕方がない職員たちの、こだわりの極地を見せた大会となった。
　加えて、会場外のホワイエには、「万博」にちなんで、発表20団体を紹介するブースが用意された。北上市のB級グルメ「北上コロッケ」の即売も行なわれた。発表会終了後の大交流会では、岩手県の日本三大杜氏の最大勢力といわれる南部杜氏が磨いた銘酒が取り揃えられ、開催地の職員でも到底考えられないクラスの銘酒（たとえば、十四代）が集められるなど、全市をあげて、史上最大・史上最高の全国大会がつくりあげられたのであった。

写真7-4　北上全国大会オープニングでカイゼンの塔の中からあらわれる実行委員長の木野渉

(4) 2012年！ いざ、大分市へ

　第6回の全国大会は、大分市で2012年3月2日に開催される予定である。大分市ではこれまでに業務改善運動「カイゼンの匠」が実施されている。1911年（明治44年）4月1日から市制施行された大分市では、2011年（平成23年）4月1日に市制施行100周年を迎え、「100年を　活かして拓く　ゆめ・みらい」のキャッチフレーズのもと、さまざまな記念事業を開催する予定である。

　大分市の業務改善運動「カイゼンの匠」のはじまりは、2004年度から釘宮磐大分市長の提唱で具現化したアントレプレナーシップ事業制度にある。この制度は大分市職員が起業家精神をもって事業の企画から事業化までを行なうものである。この制度に応募した工藤真司ら若手職員は、自治体業務改善運動の先達である尼崎市、大阪市、柏原市、福井市、中野区、北上市などの事例を参考に、2009年度から業務改善運動をスタートさせたのである。

図表7-11 「カイゼン万博2011 in いわてきたかみ」発表自治体と内容

自治体	発表事例タイトル	テーマ概要	チーム名(所属)	運動名
札幌市/北海道	建設局の「仕事のルール」徹底のための実践的取組	"自主的な業務改善"と"市役所の頑張りのアピール度向上"	建設局総務部総務課	元気の種コレクション
さいたま市/埼玉県	救急車に足台を搭載し高齢化に対応	救急車に足台を搭載し高齢化に対応	消防局大宮消防署大成出張所	一職員一改善提案制度
所沢市/埼玉県	劇的!空き家のビフォー→アフター	空き家の近隣の方の不安や不満を解決	総合政策部危機管理課防犯対策室	行政経営「有言実行宣言」
中野区/東京都	子育てママさんいらっしゃ～い!輪と話と和でお出迎え!	家庭・地域・行政で三位一体の子育て環境づくり	みなみ児童館	おもてなし運動
川崎市/神奈川県	「みんながつくる暮らしやすい鹿島田」への挑戦!	地域と行政の協働による地域課題の解決	幸区役所道路公園センター	チャレンジ☆かわさき選手権
名古屋市/愛知県	ナイトZOO & GARDENへご来園の皆様のイライラ改善	ナイトZOO & GARDENへご来園の皆様のイライラ改善	イライラ騎士〈ナイト〉(東山総合公園営業推進課)	すみやか業務改善運動
春日井市/愛知県	保育園と地域の子育てサークルとの連携	地域の子育て家庭に対する支援の充実	白山保育園☆子育て支援隊	"KAえる"グランプリ
三重県	ホームページバナー広告の確保戦略～電子業務推進室らしく～	ホームページバナー広告を確保せよ	もしドラ読んだら「顧客の創造」実践したらん会(政策部電子業務推進室)	経営品質向上運動
貝塚市/大阪府	緑のカーテンおよび花いっぱい運動	学校庁務員による共同作業	スクールキーパーズ(教育部総務課)	ATTACK運動
八尾市/大阪府	The仮想電車決裁システム発車しまぁす!!～決裁ラインを電車にみたてて～	決裁のスムーズ化、みつけやす化により事務のスピードアップを図る	消防本部消防総務課総務係・経理係	やおちょい変え運動
柏原市/大阪府	ゴーヤでGOや!! Part2	環境に優しく涼しい職場づくり	環境にいいんかい?(教育委員会)	かしわらチョイ革運動
尼崎市/兵庫県	カップ麺のお湯あります～??	青少年の居場所づくり	カップ麺のお湯あります～??(こども青少年局青少年課)	全庁的改革改善運動3rdステージ
川西市/兵庫県	目指せ!!徴収率100%	機能別担当制の導入による徴収率アップ	総務部税務室市税収納課	チーム改善(TK)運動
有田川町/和歌山県	ちっちゃな改善、ドデカイ成果	小さなことからコツコツと!	おいしい水をとどけ隊(水道課)	有田川SANSYOサン発掘プロジェクト
鳥取県	鳥取式3W(ウィン)のカイゼン活動報告	予算、決算業務の的確化と効率化～脱事業仕分けのススメ～	ショムイチ、ショムニ(農林水産部農政課)	カイゼン活動
浜田市/島根県	手軽にエコ&効率化 課内回覧の電子決裁	誰でも、すぐに、簡単に、出来るところからはじめる業務改善	会計業務見直し隊	業務改善運動「M-1」グランプリ
福山市/広島県	パーフェクトフォトで「整いました」	いつもの作業が時間短縮!正確性UP!ストレス軽減!	福山市民病院看護部HCU	ワンステップアップ運動
福岡市/福岡県	安価に、短期間に、チーム力によりカメラとネットでウェルカム	職員の手作りによる区役所窓口の待ち人数を市民にパソコン・携帯で情報提供	ウェルカメラネットプロジェクトチーム(早良区保険年金課、地域振興課)	創意工夫のタネ
大分市/大分県	教育委員会の案内上手	内線番号を業務ごとに分類した表を作成し、担当につなぐ手間を省く	教育委員会教育企画課	カイゼンの匠運動
北上市/岩手県	HPより宮崎がお伝えします。	工事状況のHP掲載によりリアルタイムの情報提供	上下水道部上水道課	きたかみPing! Pong! Pang!運動

現在改善運動のサポートチームは5名で組織されている。そして、「た」のしく、「く」ふうして、「み」んなで改善（これらの頭文字をとって「匠」）をスローガンに現在3年目を迎えている。サポートチームの具体的な活動は、改善運動を全庁的に展開するために、毎月の匠新聞の発行や、すでに改善運動を実行している職員へのサポート、若手職員への改善事例集などのメール発信、全庁放送による宣伝などである。場合によっては職員や職場に対し、助言や助力を行なうこともある。その結果、「新聞、見たよ」「こういう案があるのだが」「こんな取り組み、おもしろいかも」「あの取り組みは、改善やろ」などの声が庁内から聞かれるようになった。

　市長の釘宮磐の改善運動に対するオモイは、「カイゼンの匠」の事例発表大会である「匠グランプリ」の第1回大会（2010年3月2日開催）の言葉にあらわれている。釘宮は「カイゼンの匠」に対して「我が意を得たり」と力強く宣言した。市長が目指す改革に向けた理想の姿の一つが「カイゼンの匠」だったことを強く感じさせた一言である。

　2011年北上市で開催された第5回全国大会の終わりに、2012年の第6回全国大会の開催地が大分市であることが宣言された。その後の交流会でも、多くの他都市の職員から「あの教育委員会の案内ジョーズ」を発表した工藤真司と中川淳の2人組ということで声がかかった。PRはまずまずの成功をみた。工藤は、他都市の職員から「発表した三角柱のデータを後日、メールで送ってくれないか」という依頼を受けた。改善の取り組みに対する真摯さと、人の温かさを感じ、これから大分市で改善運動を推進するうえで、励まされた出来事であった。

　工藤は、大分市市制施行100周年を迎える節目の年に、第6回全国大会を開催できることは、大分市職員、サポートチームの喜びであり、大分市誕生100年記念事業として、一人でも多くの自治体職員に大分市をPRできるまたとない機会ととらえている。また、開催にあたっては、大分市らしさをPRする多くのイベントを検討している。そのイベントの一つに「全国のみんなでいっせいごみ拾い作戦」がある。大分市は市民活動が活発で、2005年8月7日に実施した「ギネスに挑戦『全市いっせいごみ拾

い大作戦』」での一日のごみ拾い参加者数が、ギネス記録に認定された実績がある。このことから、第6回全国大会の朝は、気持ちよく発表大会に臨んでいただくべく「全国のみんなでいっせいごみ拾い大作戦」を計画している。

4　全国大会の成果と課題

(1) 成果

　全国大会はその名のとおり、全国各地の自治体の最優秀の業務改善事例を一日で一度に見ることができる大会である。全国自治体の優秀な改善事例を一堂に集め、全国規模で改善情報の「共有」を図るとともに、来場した全参加者が自治体の業務改善の本質に気づき、自らの職場にて、効率的な行政運営と不断の改善改革に取り組むといった「共鳴」を起こすまたとない機会を提供している。

　5回の全国大会を終えて、発表自治体の入れ替わりはあるものの、発表自治体は第1回大会の9から20まで増加しており、発表事例数も延べ82件となった。また、参加者も東京都中野区の600人を筆頭に常に会場が満席になるなど、全国各地の自治体から参加の申込みが続いている。そして、広島県福山市のように前年度のスポット的な事例紹介をきっかけに、以降は毎年発表大会に参加する自治体があらわれるなど、「共感」が「共鳴」を呼び起こす大会となっている。

　運動担当者にとっても、全国大会を主催することにより、全国自治体のネットワークに参加できるほか、庁内職員間の団結力が一層高まるといった効果、そして、新たな人材発掘につながるなどのうれしい成果があらわれている。第5回全国大会、岩手県北上市の「カイゼン万博」の担当者、髙橋直子は語る。

　「全国大会を開催することで、全国の自治体職員と情報交換ができ、これまで以上に業務改善のネットワークが広がりました。運営側としては

『今後、全国規模のイベントを開催することは二度とないだろう』という意気込みで、当市の業務改善運動発表会『きたかみ Ping! Pong! Pang! 祭』をつくってきた歴代の業務改善推進委員が、これまでに培ったノウハウとマンパワーを結集し、この一大イベントをやり遂げました。運営に関わったスタッフにとっても、参加者として来場した職員にとっても得難い経験となりました。全国大会を盛り上げ、支えていただいた全国の自治体の皆さんに深く感謝します」。

　発表大会に実行委員として主体的に関わることで、実行委員には参加した者にしか分からない充実感や達成感を味わうことができる。しかも、全国大会は参加自治体数や視察の来場者数ともに多く、さらに大きなプレッシャーがかかり、プレッシャーが大きければ、大きいほど、やり遂げた後に得られる充足感が大きくなるのである。

(2) 課題

　全国大会はこうした成果をあげてきたが、回を重ねるうちに、いくつかの課題も見えてきた。

　第一は、1日限りの開催では、事例発表数は20事例でほぼ限界であることである。参加者の便宜を考えると、できれば大会そのものは1日で収めたい。そして午後からの開催となると20自治体が限界なのである。尼崎大会では1自治体の発表時間は7分であったが、北上大会では6分となっている。

　第二は、20事例もの発表が続くと、ややもすると流れが単調になり、大会の目的である、改善事例の「共有」はできても、一つひとつの事例から「共感」を得て、自治体に帰ってやってやろうという「共鳴」まで高めることができているかどうかが疑問という点である。山形大会ではビデオインタビュー、尼崎大会ではパネルディスカッション、福井大会では発表者に会場参加者から直接質問をする時間を取るなどして工夫したが、中野大会、北上大会ではこうした運営に時間的な制限があった。

　第三は、「共感」「共鳴」に関連して、発表者同士が発表のなかでは語り

図表7-12 全国大会の軌跡

	開催都市(年度)	大会名称	開催日	会場	発表自治体数	審査員	アトラクション
1	山形県山形市(2006)	やまがた☆10(スタート)	2007.2.7	山形県生涯学習センター遊学館ホール	9	石原俊彦（関西学院大学専門職大学院教授）遠藤尚秀（新日本監査法人行政経営室）武久顕也（監査法人トーマツマネージャー）鳥崎耕一（三菱UFJリサーチ＆コンサルティング㈱副主任研究員）市川昭男（山形市長）	ビデオメッセージ英国イーストボーン市企画課長/スチュアート・ラッセル
2	兵庫県尼崎市(2007)	あまがさき☆14(ジューシー)	2008.3.24	尼崎市立労働福祉会館大ホール	14	石原俊彦（関西学院大学専門職大学院教授）遠藤尚秀（日本公認会計士協会理事、新日本監査法人パートナー）須田和（(特活)男女共同参画ネット尼崎）矢野郁夫（元尼崎市取人会役、YAAるご応援団長）山崎広太郎（前福岡市長）白井文（尼崎市長）中村昇（尼崎副市長）江川隆生（同上）	パネルディスカッション「業務カイゼン運動の本質を考える」パネリスト前福岡市長/山崎広太郎、尼崎市長/白井文コーディネーター関西学院大学院教授/石原俊彦問題提起「DNA運動とは」福岡市/奥田一成
3	福井県福井市(2008)	18☆☆くい(いちばんぼし)	2009.3.23	福井県県民ホールAOSSA	18	石原俊彦（関西学院大学専門職大学院教授）山崎一樹（前福岡市長、元衆議院議員）玉木伸一（京都市副市長）東村新一（福井市長）	ビデオメッセージニュースキャスター/村尾信尚三重県庁が都道府県ではじめて登場発表者に会場から質問のコーナーを設ける
5	東京都中野区(2009)	改善(カイゼン)なかの20丸(にじゅうまる)	2010.3.19	なかのZEROホール大ホール	20	石原俊彦（関西学院大学専門職大学院教授）鳥名史忠（三菱電機㈱常任顧問）元吉由利子（㈱スコラ・コンサルト）山崎広太郎（前福岡市長、元衆議院議員）田中大輔（中野区長）	有田川町水町役場ではじめて出場
5	岩手県北上市(2010)	カイゼン万博2011 inいわてきたかみ	2011.3.4	北上市文化交流センターさくらホール大ホール	20	石原俊彦（関西学院大学専門職大学院教授）三浦昌三（前岩手キヤノン工場代表取締役社長）白井文（前尼崎市長）伊藤彬（北上市長）	カイゼンの塔がお出迎え翌日全国自治体職員有志による「カイゼン・サミット」を開催
6	大分県大分市(2011)	百花繚乱カイゼン合戦	2012.3.2	大分文化会館大ホール	20	石原俊彦（関西学院大学専門職大学院教授）永古敬伸（新日本製鐵㈱大分製鐵所前総務部長）白井文（前尼崎市長）釘宮磐（大分市長）	大会翌日は大分市長とラジオ体操＆市内の清掃

つくせなかった苦労話や失敗事例を話しあうこと、また、これから改善運動をはじめたいという自治体職員が全国大会に参加する自治体の担当者にノウハウを尋ねるなどの交流の機会に乏しいことである。

【注】

1　コーヒーブレイク第6章「全国都市改善改革実践事例発表会　数字の呪縛」参照。
2　コーヒーブレイク第3章「幻の第1回全国都市改善改革実践事例発表会」参照。
3　イーストボーン市のスチュアート・ラッセルへのインタビューは山形市の鈴木一が行なった。あたかもイギリスで撮影されたように映し出されていたが、実は大阪・梅田の関西学院大学サテライトキャンパスでの講演時に撮影されたものである。山形市の実行委員会のメンバーの多くは、当時関西学院大学の石原俊彦とイギリス地方自治体の行政視察を共に行なっており、ラッセル氏との親交はイギリス・イーストボーン市において生じたものである。
4　尼崎市の業務改善運動発表会　第2回、第3回「YAAるぞカップ」グランプリチーム　第5章参照。実際に、中に入っていたのは、山形市の大場俊幸、三浦和城、そしてたまたま視察に来ていた豊中市の保井大進の3名である。
5　尼崎大会のスタッフは尼崎大会のパンフレットに詳しく掲載。
http://www.city.amagasaki.hyogo.jp/dbps_data/_material_/localhost/sosiki/005/19undo_ama14panhu.pdf
6　村尾信尚は関西学院大学の教授であり、同大学の石原俊彦と懇意なことから、ビデオメッセージに応じた。
7　牧田美佐穂「行財政改革下における福井市改善王選手権の取り組み」『月刊地方自治職員研修』臨時92号、公職研、2009年11月、107-108頁。
8　東京都中野区のおもてなし推進委員会の委員長は区長の田中大輔である。
9　第3回フォーラムKGPMエクステンション（2008年10月9日開催）テーマ：「青森市役所と山形市役所の自治体経営——システム改革と職員の意識改革」。

Coffee Break　やまがた☆10を支えた8つの行星

　「ALL JAPANやまがた☆10」の成功を語るうえで、どうしても紹介したいメンバーがいる。それは全国から集まった10の恒星（発表10チーム）を裏で支えた山形市の8つの行星（惑星の旧称：8名の実行委員）である。「えん・おく・かい・おく・たか・たけ・やま・はじめちゃん」と覚えてほしい。

　「えん」（遠藤直樹）は、パソコン資料を担当し、参加者の度肝を抜いた「ルパンの画像」をはじめ、素晴らしい資料を作成した。「おく」（奥山早苗）は、看板や垂れ幕などを作成した。虹色7色を見事に配置した作品は、天下一品の出来ばえであった。当日は、MCの隣でタイムキーパーをこなし、予定どおりの終幕に貢献した。「かい」（開沼美穂）は、音楽＆音声を担当した。「場面や登場人物にマッチした音楽を」と聴いたCDは数百枚。見事な選曲で、参加者の心を狙い撃ちにした。「おく」（奥山敏行）は、最強の「縁の下の力持ち」で、人がやりたがらない雑用や庶務を完璧にこなし、発表会を支えた。特技は「エアギター」での「三三七拍子」である。「たか」（高橋昌史）は、案内表示を担当し、全国から集まった参加者のために分かりやすい表示に努めた。当日は、1番前の席で、画面の迅速な切り替えに大活躍した。「たけ」（武田敬史）は、機材や設備など会場の総元締めとして、完璧な運営に最大限の力を発揮した。「やま」（山科晶子）は、賞の名称の企画立案に参画した。当日は、影アナとして、十二分に力を発揮し、インタビューも見事にこなした。特技は「柔道」で、インターハイ3位の実績がある。「はじめちゃん」（鈴木一）は、配布資料を担当し、まさに日本一の資料を作成した。当日は、照明担当として、表彰式の7色のスポットライトをはじめ、細部にこだわる演出に努めた。

　以上の8つの行星が、それぞれ、自分の特技や持ち味を出しながら、与えられた役割を見事に果たしたことが、「ALL JAPANやまがた☆10」の成功につながった。彼・彼女たちはまさに、行動するスター「行星」である。これら8つの行星に事務局の大泉信一（プロデューサーとして、大会全体の仕切役としてリーダーシップを発揮）、松沢聖（オープニング、エンディングのスライド映像の作成者として大活躍）、本書の執筆者代表の後藤好邦、それに、全国大会のシンボル「知恵ぶくろう」の提案者である國井康彦が仕上げた山形市の成功例は、第2回目以降の全国大会開催市の模範となった。

第8章

K-NET とカイゼン・サミット

　福岡市で業務改善運動が産声を上げてから10年、そして、山形市で全国都市改善改革実践事例発表会(「全国大会」)がスタートを切ってから4年の2010年、自治体業務改善に新たな動きが起こった。K-NETの発足である。ここでは自治体職員による個のつながりが結実して一つのネットワークとなったこのK-NETとカイゼン・サミットを紹介する。

1　K-NET

(1) K-NET の発足

　全国大会には、第7章で整理した三つの課題に加えて、さらに二つの課題があげられる。第一に、全国大会は、年に一度の開催ということで、単発のイベントとしてのイメージが強い。それゆえ、業務改善活動に関して、全国各地の自治体(職員)を通年的にサポートできるような取り組みが求められている。第二に、全国大会は、参加自治体の優秀改善事例を発表し合うことが目的である。そのため、事例に関する情報の共有化は図られた。しかしさらに、業務改善運動自体の情報共有化を図ろうとすると、若干のハードルが存在する。

　中野大会開催後、酒井直人、立石孝裕、後藤好邦、吉田淳史が発起人メンバーとなり、全国大会の課題を解決する方策が検討された。吉田は尼崎市の業務改善運動「YAAるぞ運動」の担当者であり、業務改善の伝道師

として、さまざまな自治体の業務改善運動に多大なる影響を与えている。4人の発起人メンバーは、全国都市改善運動ネットワーク発足のための準備をスタートした。

　ネットワーク発足に向けた準備は、名称の決定、体制の整備、具体的な活動内容の決定という流れで進められた。ネットワークの名称については、酒井と後藤の提案に、吉田、立石が賛同してK-NETに決まった。K-NETのKは改善（KAIZEN）の頭文字をあらわしている。

　ネットワークの体制については、発起人4人の協議のなかで、顧問と事務局、そして一般メンバーという3階層にすることが決定された。顧問は当ネットワークに関して多角的な視点でアドバイスを行なう役割を担っており、全国大会の審査員経験者など、地方自治体の業務改善に精通している有識者が就任している。事務局は、実際にK-NETの企画運営を行なう実動部隊であり、これまで全国大会に関わってきた各自治体の業務改善担当（経験）者が携わることになった。顧問には代表を務める石原俊彦[1]をはじめとした7名が就任し、事務局にはDNA運動の担当者でもあった福岡市の奥田一成をはじめとした11名が名を連ねることになった。

　K-NETの具体的な活動内容は、顧問に相談を行ないながら事務局で整理されている。主要な活動には、①メーリングリスト（「ML」）を活用した意見交換、②ニューズレター（「NL」）の発行による情報発信、③全国大会に合わせた業務改善に関するイベントの開催などがある。K-NET発足の契機である中野大会以降、半年余りの期間で、これらの準備作業を進め、2010年11月1日にMLの開設とともにK-NETが発足された。

(2) K-NETの設立趣旨

　K-NET発足の趣旨は、業務改善運動の全国的な普及啓発を年間を通じて行なうことにある。わが国には業務改善運動の導入に向け検討を重ねている自治体が、数多く存在している。業務改善運動をすでに導入している自治体のなかにも、課題を抱えながら実施しているところが少なくない。これらの自治体には、業務改善運動を進めていくための道筋を日々悩みな

がら検討している自治体職員がいる。これらの自治体と自治体職員が効率的かつ効果的に業務改善運動を実施できるように、さまざまな角度から通年的にサポートしていくことが、K-NETの設立趣旨である。

業務改善運動の導入と継続的な実施には、改善事例の集約方法や職員研修の実施方法、さらには、発表大会の運営スタイルなど、さまざまな点において創意工夫が求められる。各自治体が持ち合わせているノウハウは貴重な情報である。情報の共有化に加えて、自治体間の横の連携を強化し、学び合う関係を構築していくことで、業務改善に関する各自治体のスキルを、より一層レベルアップしていくことも可能となる。

(3) K-NET発足後の足跡

MLの開設とともに発足したK-NETは、半年余りの間に、一般メンバーも徐々に増え、その数は70名ほどになっている[2]。この間、K-NETはMLでの情報交換を中心に活動を行なってきた。具体的なテーマとしては、「業務改善運動の効率的な進め方」「業務改善に対する職員研修のあり方」「職員提案制度を採用している自治体の実施内容」などがある。

NLは2回発行されている。第1号では、K-NETが発足に至った経緯や今後の活動への期待に関するコラム、あるいはメンバー紹介[3]などが掲載された。また、各都市における業務改善運動の取り組み紹介第一弾として、尼崎市の「YAAるぞ運動」が紹介されている。第2号では、第5回全国大会「カイゼン万博 in いわてきたかみ」と、その翌日に開催された「カイゼン・サミット in いわてきたかみ」の特集記事が組まれた。

(4) おもてなし運動とK-NET発起人の想い

「おもてなし運動」は、中野区長の田中大輔が初当選時のマニフェストに、「顧客満足度向上運動を実施する」と掲げていたことを契機に2004年からはじまった。現在も組織の活性化と顧客満足度向上を目指し、職員の全庁横断的組織である「おもてなし推進委員会」が運動の推進役を担いな

がら、各部署がそれぞれに実践プランを作成し取り組んでいる。

　酒井直人は、職員が元気でなければ、区民に対して良いサービスを提供できないと考え「おもてなし推進委員会」に進んで手を挙げた。いくら組織の活性化を標榜していても、現実は行政改革で次々に導入される制度に職員はついていけない。そのため、ますます不満がたまり、組織は停滞していた。「おもてなし運動」もそれら新制度と同様に、職員からは煙たがられ、それを推進していくことは酒井たちにとってもマイナスからの出発だった。

　「おもてなし運動」はそれでも2008年頃から職員の間で定着してきた。特に「おもてなし運動」を開始してから入区した職員は、最初から運動へのマイナスイメージがなく、積極的に取り組んでいる。それでも、気になるのは、運動自体の仕事化であった。毎年同じようなプランを掲げる組織が増えてきており、「もうやることがない」「改善するところがない」という声も聞こえてきた。職場では事務分担表に「おもてなし運動」という欄ができ、組織として取り組む仕事ではなく、一担当者として取り組む仕事ととらえている組織もあった。

　「おもてなし推進委員会」では、「どうしたら職員にもっと取り組んでもらえるか」「管理職にも加わってもらい運動を進めるためには、どういうやり方をすれば良いのか」など、毎年試行錯誤を繰り返しながら運動を推し進めている。運動は手段であり、目的ではない。「おもてなし運動」が目指す「組織の活性化」や「顧客満足度の向上」は、そのようなことを実現する組織風土への改革を通じて達成される。

　酒井が初めて全国大会に参加したのは、尼崎市で開催された第2回大会である。尼崎市の立石から誘いを受け、その年の「おもてなし運動」の発表会でグランプリを獲得した地域子ども家庭支援担当の職員とともに尼崎市を訪れた。全国から集まった優秀事例は、どれも現場の職員の意気を感じるもので、発表方法も創意工夫に満ちたものであった。大会の運営もホスト自治体である尼崎市職員の心のこもったもので、正直酒井にとってはカルチャーショックだった。

　第4回全国大会は中野区で開催された。2010月3月19日の中野ゼロ

ホールには600人以上が集まり、それまでで最大の20自治体が参加した。大きなイベントの企画を任された「おもてなし推進委員」には貴重な経験になった。全国大会は素晴らしいイベントである。全国の意識の高い職員の気概に触れることができる。現場の職員のモチベーションアップや、人と人とのフェイス・ツゥー・フェイスのネットワークを作るきっかけにもなると酒井は考えている。そして、年に一度優秀事例を共有する全国大会だけでなく、各自治体がどのように運動を手段として取り組んでいるのか。このことも共有する必要性があるのではないかと考えた。それがK-NETへとつながったのである。

(5)「カイゼン・サミット in いわてきたかみ」

　北上市の全国大会の開催に合わせて、K-NETは業務改善をテーマにしたイベント開催を計画した。K-NETの発起人は、全国大会に合わせて、業務改善運動に関する情報の共有化を目的としたもう一つのイベントを開催することで、自治体における業務改善運動の質をもうワンランク、レベルアップしていくことができると考えた。このイベントが「カイゼン・サミット」である。このネーミングには、イベントへの参加を通して、「カイゼンで頂上（ベスト・プラクティス）を目指そう」という想いが込められている。

　北上大会の翌日、「カイゼン・サミット in いわてきたかみ」が開催された。当日は全国各地から100名を超える参加者が岩手県北上市のさくらホールに集まった。当日は、K-NETの顧問代表を務める石原俊彦の基調講演でスタートを切った。石原は、過去5回開催された全国大会で審査委員長を務めるなど、自治体における業務改善運動に深く関わっている。その経験から「地域主権、市民協働参画社会の実現には、公務員一人ひとりが、自分がやらねば、との強い思いをもつ必要がある。公務員が頑張らねば、そのような社会は実現できない」というメッセージを自治体職員に届けた。

　石原の基調講演のあと、業務改善事例の発表が3事例行なわれた。その

写真8-1　カイゼン・サミットの基調講演

うち2事例は「カムバック優秀改善事例」で、過去の全国大会に出場した事例の発表である。残る1事例は「目指せ全国大会出場事例」として、自主的な業務改善発表会を開催している自治体代表チームによる発表であった。これら3事例は、すべて地元東北の自治体による発表であった。

　続いて、ワールドカフェ方式によるワークショップが行なわれた。ワールドカフェ方式が採用された理由は、参加者により多くの意見交換を行なう場を設定したいとの意図にある。この方式では、参加者がワークショップを行なうテーブルを複数回まわり、それぞれのテーブルで異なる参加者と意見交換を行なうことになる。参加者は必然的に多くの参加者と意見交換ができる。また、今回のワークショップにはもう一つの工夫があった。それは、ワークショップを行なう各テーブルに、各自治体の業務改善担当（経験）者や全国大会の実行委員などが配置されたことである。これらのリーダーは、一般職員よりも少なからず業務改善に精通した経験が豊富であった。そのため、ワークショップでの議論をより深める効果を実現した。

　その後、ワークショップリーダーの一部がパネリストになり、イベン

写真 8-2 ワークショップで語らう参加者

トの実行委員長である中野区の酒井直人のコーディネートのもと、パネルディスカッションが行なわれた。このパネルディスカッションはワークショップの報告会を兼ねており、北上市長である伊藤彬とDNA運動の仕掛け人でもある福岡市の吉村慎一がコメンテーターとして参加していた。最後に、カイゼン・サミットのエンディングとして、伊藤彬からの総括があった。伊藤の話は、北上市職員を含む自治体職員への信頼に溢れていた。

2 カイゼン・サミットから業務改善へ

　ここでは「カイゼン・サミット」に参加した自治体職員が、業務改善に対してどのような想いをもっているのか、その生の声を紹介する。

(1)「改善」がすべてのはじまり

　平成19年の夏、私は東北公益文科大学大学院の公開講座に参加した。その際、山形市の後藤さんと出会い、その翌年2月の山形市の「はながさ☆ぐらんぷり」に参加させていただいた。「はながさ☆ぐらんぷり」では、山形市の若い職員が自ら改善しようと行動している姿を目の当たりにして、大きな衝撃を受けた。「酒田市は何をやっているのだろう。酒田市でも業務改善運動に取り組むべきだ」と、酒田への帰途ずっと同じことを考えていた。

　しかし私自身、現状の不満を誰かのせいにして文句を言うばかりで、自分で行動しようとはまったく考えていなかった。その後、企画調整課に異動になった私は、市の中心で交わされる嫌な場面にたびたび遭遇することになる。新しい事業を生み出そうとする機運のなさ、業務と責任の押し付け合い、市役所のなかの風通しの悪さ。職員間の関係性の希薄化を強く感じるようになった。そんな鬱々した気分のときに、後藤さんと再会し東北まちづくりオフサイトミーティング（「東北OM」）に参加させていただいた。東北各地のメンバーとの交流は、当時の想いを甦らせるのに十分だった。そして、市役所の重い雰囲気を何とかしなければいけない、何か行動を起こさなければと考えるようになった。

　平成22年1月16日、酒田市では、勉強会の呼びかけに40人を超える若手が集い、「みんな・ど・さがだ」はスタートした。後藤さん、そして東北OMの仲間との出会いが、自分で行動することなど考えてもいなかった私の背中を押してくれた。今でも一歩踏み出す勇気をもらったと感謝している。

　その後、定期的に勉強会を開催するなかで、いろいろな悩みもある。しかし、勉強会や懇親会で若手の話を聞くと、「酒田も捨てたものじゃない、こんな仲間がいれば何かできるのではないか」と自然に思えてきた。平成23年1月には、内輪のイベントながらも第1回の業務改善発表会を開催することができた。業務改善運動は、人材育成の非常に有効な手段であり、一人ひとりの職員の心に火を付けることができる。今後も市役所全

体で改善運動に取り組むことを目指して活動していきたい。市職員の意識が少しずつ変わり、市役所が変わることで、まちの雰囲気も変わっていく。そのことを信じて頑張っていきたい。

(山形県酒田市　松永隆)

(2) カイゼン・サミットと改善運動の必要性

　平成23年3月5日、K-NET主催の「カイゼン・サミット」が開催された。この記念すべきイベントに、本市からも私を含め4名が参加した。
　本市の業務改善の現状は、各職場や各職員によって、さまざまな形で行なわれているというものである。しかし、他課や個々人が行なっている業務改善の情報の共有化を図る場、それを評価する場がない状況となっている。また、若手職員の業務に対する自由な発想を伝える場もない。このような状況を改善するために、市長ミーティングにおいて、「本市でも業務改善運動に取り組むべきである。そして、それに向けた第一歩として、全国大会を開催する北上市に職員を派遣して欲しい」と直接訴えた。さらに、職員提案制度を活用し、業務改善運動の必要性に関する提案も行なった。このような取り組みがあって、北上市の「カイゼン・サミット」に参加という「小さな一歩」を踏むことができた。

(山形県寒河江市　日下部靖広)

(3) 被災地だからこそ

　平成23年3月11日に発生した巨大地震は圧倒的な破壊力を見せつけ、3か月を経過しても、沿岸部を中心とした大勢の方たちが避難所や仮設住宅で不便な生活を強いられていた。被災者の状況を報道で見るにつけ、自治体職員として何かしなくてはと気持ちはあせる一方だ。
　どこの被災自治体も同じ状況だと思うが、本市でも、震災の影響で多くの事業が中止や予算削減を余儀なくされ、職員も震災対応業務に追われる毎日となっている。まさにヒトもカネも圧倒的に足りない。通常業務に忙

殺され、ボランティア活動さえままならず、何もできない自分のふがいなさに悶々とした日々を過ごしていた頃、尼崎市の吉田淳史さんが5月に来仙した際、業務改善運動に関する講演を聴く機会に恵まれた。思えば、3月には、北上市で開催されたカイゼン・サミットに参加し、石原教授の講話を聴いて改善意識が高まっていたものの、奇しくも、その6日後に大震災が起こり、私の改善魂はどこかへ吹き飛んでしまっていた。しかし、吉田さんの講演は私の改善魂を呼び戻してくれた。
　行政改革にあげられる組織レベルの大きな改革ばかりが改善ではない。多くの職員が小さな改善を日常的に積み重ねること、それにより、職員の意識改革とチャレンジする組織風土を醸成していくことも、一方では大きな改善だと学んだ。このような改善を地道に続けていくことも、被災地の一職員として取り組める復興策と言えるのではないかと思う。
　早速、自分の業務について五つの改善目標を立て、取り組んでいるところである。普段あまり気づかないが、視点を変えて周りを見渡すと、改善の種はそこかしこにたくさん隠れている。また、改善に取り組んでみると、案外楽しいし達成感も味わえる。1人で取り組むより、チームで取り組めばさらに盛り上がることだろう。
　さて、昨年9月に、本市職員の自主勉強会「Team Sendai」を立ち上げた。思えば、記念すべき第1回目の活動は、同じ9月に行なわれた吉田さんの講演会への参加であった。また、北上市のカイゼン・サミットでは、石原教授の話を一緒に聴いた仲間もいる。改善運動の真髄である「楽しむ」を「Team Sendai」の仲間と共有し合い、広めていく下地はできている。
　先の北上市でのカイゼン・サミットでは、石原教授が「4年後に全国大会を仙台市で」と2度も話をされ、「Team Sendai」のなかで物議をかもし出していた。今、仲間とともに全国大会をやろうという身の程知らずなことは言わないが、復興への歩みを確実に進めつつある仙台での全国大会というのも実に魅力的である。さて、4年後の顛末はいかに。

（仙台市　鈴木由美）

(4) おしごと改善グランプリ

　佐渡市は、新潟市から海上約 32km に位置する離島で、平成 16 年に 1 市 7 町 2 村が合併して誕生した。人口 6 万 3252 人（H23.6.1 現在）、面積 855.27km²（東京 23 区の 1.4 倍）、海岸線 280.4km（秋田県約 263km）の S の字に似た形の島で、トキの生息や佐渡金山などの歴史的遺産がある海、山、平野を有す自然豊かな地域である。

　少子高齢化や景気低迷による税収の減少と普通交付税の算定特例期間終了後の厳しい財政運営が予想されることから、本市の行政改革は、財源の確保、重複した施設の整理、事務事業の見直し、他の自治体と比較して約 2 倍近い職員数の減員を重点として取り組んでいる。しかし、行政改革の推進と相反し、業務量の増加による疲弊感とコミュニケーション不足による閉塞感が職員間に漂い、「仕事へのやりがいをもてない」という声を聞くことが多くなった。平成 18 年度から業務改善を含めた組織風土改善に取り組みはじめたが、行政改革課が期待するようには職員の意識改革は進まず、反対に疲弊感や閉塞感が増加するばかりであった。当初の取り組みは、オフサイトミーティングや行政評価研修等で先進自治体の業務改善事例の紹介であったため、その場限りの研修で終わり、なかなか実践につながっていなかったように感じられる。

　私が担当になってからは、業務改善を身近に感じ気軽に取り組めるように、自治体職員を研修講師として招いている。平成 20 年度は、福井市の牧田美佐穂さんを講師に迎え、同市の取り組みを紹介していただいた。平成 21 年度は、新潟市の木山浩さんに全庁各課に一課一改善の実践と結果報告をテーマとして研修していただいた。このことにより 60 の改善事例が報告され、職員投票と行政改革課の選考により優秀事例を決定し、市長が表彰を行なった。そして、平成 22 年度は、第 1 回業務改善実践事例発表会「おしごと改善グランプリ」を開催し 8 事例の改善事例発表を行ない、参加者の投票によりグランプリを決定し表彰を行なった。

　「おしごと改善グランプリ」での業務改善の発表内容は、身の周りの整頓や、組織内のコミュニケーション不足を補うための取り組みなど、ど

この自治体でも取り組まれている事例が多く、特に珍しいというものはなかった。しかし、当日の参加者アンケートでは「参加して良かった」「次年度以降も継続開催をしてほしい」「自分も業務改善に取り組んでみたい」といった好意的な意見が多く、組織風土改善の目的をある程度果たすことができた。終わってみて振り返ると、若手職員12名による実行委員会形式で企画を進めたことが成功の要因であり、一番の収穫だった。

当初からすべてが暗中模索の手探り状態で、担当の私は「発表者のプレゼンが間に合うか」「どうすれば参加者に満足してもらえるか」「どうしたら成功するか」と苦悶する日々でほとんど立ち止まっていた。しかし、実行委員会を重ねるごとに委員の前向きな意見に後押され、自分ひとりで悩んでいた時間は何だったのだと、あれよあれよのうちに、発表会の企画が仕上がっていった。

このことに驚いていたのは私だけでなく、実行委員のメンバーも同様だった。こうして普段の業務では接点のない職員同士で作り上げた発表会は、実行委員全員の「やればできる」という自信につながった。特に発表会閉会の際、実行委員長は「自分の職場に満足できないのに市民が市役所に満足するはずがない」と力強く語り、その姿は実行委員会の設立当初とはまるで別人のように自信に満ちた表情だった。

また、2011年3月に岩手県北上市で開かれた全国大会には2名の職員が参加した。彼らは、発表の様子、他市の改善事例を目の当たりにして、自分たちもまだまだ出来る、しなければならないと、気持ちを新たにした。彼らは、第2回「おしごと改善グランプリ」実行委員に加わり、業務改善運動を通じて「組織を変えたい」「役所をなんとかしたい」という意思をもった職員が、1人でも2人でも増えていくことを目指して、今後も取り組んでいこうと考えている。

業務改善運動に期待する効果は、それぞれの自治体で異なっているが、佐渡市では行政改革を推進する過程における削減・縮小といったマイナスイメージからくる疲弊感・閉塞感を払拭するための組織風土改革だった。担当事務局だけで進めず実行委員会形式など、できるだけ多くの職員を巻き込む手段を取り入れ、職員が相互に認め合えるネットワークの構築が必

要だと考える。自治体業務改善を進めるにあたり、「こうしなければいけない」という答えが示されているわけではない。是非、失敗を恐れずチャレンジを繰り返していただきたいと思う。佐渡市では「そこで働く職員が満足できる市役所」「市民から満足される市役所」を目指し、これからも改善に取り組み続けていこうと思う。

（新潟県佐渡市　長尾啓介）

【注】

1　関西学院大学教授。全国大会では第1回から第5回まで審査委員長を務めている。
2　2011年10月1日現在。
3　メンバー紹介は毎回行なわれる予定となっている。
4　前日に開催された「カイゼン万博 in いわてきたかみ」も、さくらホールで開催されている。なお、当イベントは大ホールでの開催であった。
5　北上市上下水道部上水道課北上川浄水場（発表者：千葉裕人）と山形市総務部防災安全課（発表者：三浦和城）。
6　酒田市の「チーム社会の窓☆口」。

Coffee Break 業務改善に取り組む北上市
伊藤彬 前市長

Q　業務改善運動に取り組もうと考えたきっかけについて

　A　自然発生的にスタートしたと思う。市長就任時、職員に「『元気に明るく分かりやすく』やっていこう」と説明した。その頃、協働という言葉はまだ馴染みが薄く、市民と行政との交流がもっと深まればいいのではないか。平たく言えば、市民がもっと気楽に市役所に来れないかと考えた。そんな単純なことから「元気に明るく」と。職員がそういうスタイルになれば、垣根が低くなり市民との交流が深まると考えた。それが職員の成長につながる。しばらくして、市民からは「職員も明るくなったし、対応もとても良くなった」という評価をいただいた。北上市の職員というのは、基本的に資質があるとずっと思い続けている。

　改善は、トップダウンでやることが大切だ。しかし、トップダウンに加えて、現場から上がってくるたくさんの意見をもとに、トップや中間クラスでうまくミックスできれば、もっと良くなる。そうしたなか、若い職員が「Ping! Pong! Pang! 運動」で、自分たちなりに職場の身近なことからいろんな形で考えてみようということになり、そのムードが一つのセクションじゃなくて全体に広がってきた。このことは、本当にすごいことだと驚いた。

　市長が「『Ping! Pong! Pang! 運動』をやれ」と言ったわけでもなく、誰かが「やれ」って言ったわけでもない。にもかかわらず、多くの職員が「Ping! Pong! Pang! 運動」に取り組み、輪が広がってきたことはすごく良いことだ。

Q　実際に取り組んでみた感想は

　A　日常業務を、ただこなすのではなく、やり方や効率性を考えながらやっていくことは、非常にベーシックなことだ。それが、次のステップにも必ずつながる。そのことに自ら気がついて取り組むことは、非常に良いことだと喜んで見ている。「とてもおもしろいことをやっているから、きっちり応援していこうね。余計な口出しはしなくて、みんなのやりたいようにやっていけばいいんだ」と副市長や部長とはよく話をした。

　職場を明るくするためには、目的をもって楽しみながら取り組むことが必要だ。「Ping! Pong! Pang! 運動」を通して、ワイワイと意見交換できる風土ができたことは、良いことだ。第１回目の発表大会では、上司はだいぶ部下たちにいじられた。若い職員はよく上司のことを見ていて、特徴をつかんでいる。

伊藤彬 前北上市長

その結果、コミュニケーションがとれやすくなり、お互いの仕事が理解されているると感じた。また、昔から「市役所の職員は民間企業と比べてコスト意識がない」と言われてきたが、北上市では、職員がバランスシートを作るようになり、公会計を勉強する仲間の輪が広がって、簿記3級以上をもっている職員の数も40人を超えた。コスト意識が出てきたというのは改善の成果である。改善をやっているうちに、いろんなものにチャレンジする。最初は書類の整理とか身の回りのことから取り組みながら、だんだんステップアップしていく。すると、行政マンとして何を覚えていけば良いのかが分かってくる。改善の延長線上に、それぞれのテーマが見つかってくるわけだ。案の定、見つかってきて、公会計に特化して勉強する人、別の分野で研究する人、というグループが庁内にできてきた。そういう意味では、これまで順調に進んできた。「いつも課題があるよね」と考え、チャレンジしてほしい。これは、若い職員の成長にも直結する。

Q 業務改善運動に関わる自治体職員へのメッセージを
A 日常の小さな意識が大きな改善につながる。改善は仕事の基礎をきっちり学べるものではないだろうか。改善を積み重ねるうちに、仕事のなかで大事なものは何なのかが分かってくる。そこが自治体職員としての大きなチャンスである。

第9章

業務改善運動をはじめよう

1　業務改善運動とは

　なぜ、あなたは業務改善運動を進めたいと思っているのであろうか。福井市では、市民課の職員が住民票の届出業務を見直し、わずか30秒で住民票を発行する工夫を考え出して、市民から賞賛された。[1]福岡市では、職員が不要となったパソコンとカメラを使い、各区役所の窓口職場の混雑具合をインターネット経由で、各家庭で見ることができるように実現し、市民は空いている区役所を選択できるようになった。[2]業務改善運動は、お金をかけずに業務を見直し、市民サービスを向上するという側面を有している。

　富士市では、広報紙などの印刷物の在庫を管理し、職員同士で共有する仕組みを作り、増し刷りや在庫の破棄をできるだけ少なくした。[3]山形市でも、防災服をベストに変更することで、着回しができるようになり、毎年の更新経費を削減することができた。[4]業務改善運動は、コストを削減するという側面を有している。

　丹波市では、市の財政状況を職員一人ひとりに理解してもらうために、市職員に「丹波市検定」というテストを行ない、上位合格者に認定賞を授与した。[5]東京都中野区では、職場内の環境を良くすることに関して大きな権限を与えられたクリーン・エンジェルスが、次々に職場内環境の改善を指示し、実行に移させた。[6]業務改善運動は、職員の仕事の意識を変えるという側面を有している。

もとより、こうした三つの事象だけならば、たとえば、部長や課長といった上司が「住民票を30秒で発行せよ」と指示を出して、その指示を受けた職員が指示どおりに実行すれば良い。業務改善運動で大切なところは、たとえきっかけは首長や上司の一言かもしれないが、実際に改善すべきことは何か、どんな改善に取り組むか、どう取り組むか、取り組んでみてどうだったかなど、発意から実行、検証までを、職員あるいは職員同士が自発的に取り組むことにある。

　さらに、こうした成功体験が（時には失敗しても）、課題に挑む職員を育成し、チャレンジし続ける職場風土を自治体内部に作り出していく。業務改善運動は、自治体内に前向きな職員をどんどん増やしていく人材育成のための運動という非常に重要な特徴を有している。

　業務改善運動は「職場内の課題改善に自主的に取り組む永続的な運動であり、職員の人材育成につながるもの」である。北上市の菊地明敏は業務改善を「職員のES（職員満足度）を上げる運動」と定義づけている。[7]

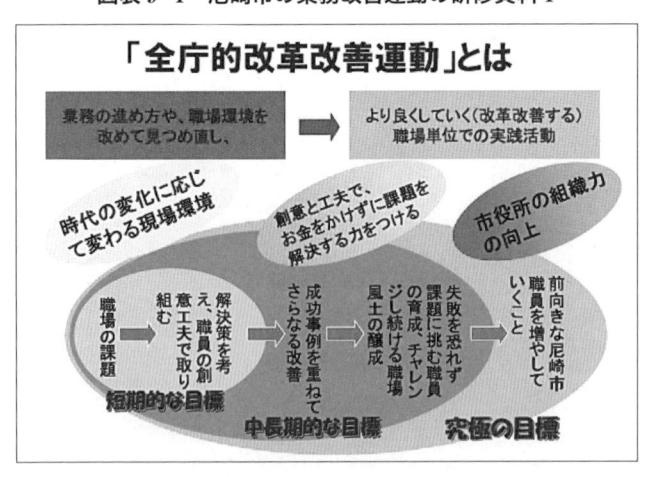

図表9-1　尼崎市の業務改善運動の研修資料1

図表9-2　尼崎市の業務改善運動の研修資料2[8]

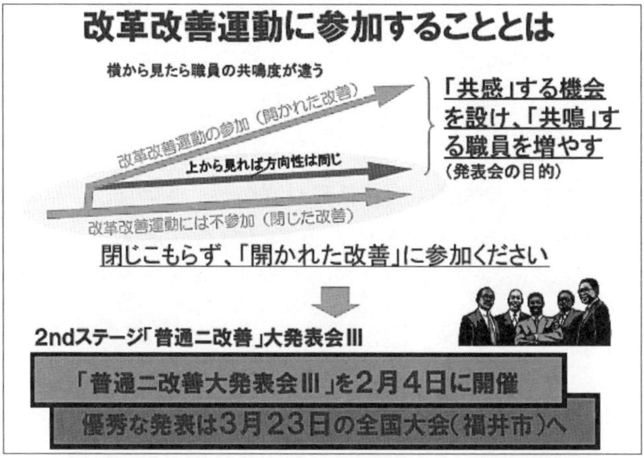

2　目標を掲げよう

　業務改善運動は、「永続的」な活動である。そのことは、業務改善運動の敷居を高く感じさせるかもしれない。しかし、要は永続的に続けられるような仕組みが必要である、ということである。尼崎市の場合、その仕組みとして、3年ごとにテーマを変えて取り組んできている。目先を変えるという目論見もあるが、小さな目標を掲げ、一歩ずつクリアしていくことが企図されている。たとえば、初サイクルの3年間はとにかく経験してもらいたいという趣旨でテーマは自由に、2サイクル目は「普通ニ改善（「普」段から「通」常業務で「ニ」ーズを考え工夫「改善」）」、3サイクル目は「目標管理との連動」を目指して業務改善運動が展開されてきた。
　旧松下電工㈱（現在はパナソニック㈱と合併）では、1966年から実に45年もの間、業務改善運動（小集団活動またはQCサークル）を続けている。そこでは、①実務を担当する人々の能力向上（個人の問題解決能力の向上）、②職場の活性化（自主的に前向きに職場を変えていく組織風土づくり）、③経営成果づくり（経営成果に結びつく課題の解決）という三

つのねらいを企図して、チームでの改善活動が全社的に展開されている。それは、松下経営の「人づくり」の基本的考え方に根差し、「人づくり＝人材育成」の一つの方法にもなっているという。特筆すべきは、グローバル化や連結経営など経営環境の変化に対応して、2003 年からは、会社単独で実施してきた業務改善運動を、海外支社や関連会社といったグループ会社にまで拡大し、参加者も間接社員や責任者、派遣社員に至るまで拡げられたことである。各サークルは、「どうすれば、顧客（エンドユーザーとは限らない）が満足し、感動していただけるのか」を念頭に置き「楽しい」「おもしろい」「やりがいがある」テーマや目標を職制と相談しながら、自ら設定し、課題解決に向け、チーム単位で自主的かつ挑戦的に取り組んでいる。元松下電工㈱はこうした活動を通じて、職員個人のスキルアップ、自己実現が叶うよう支援しつつ、グローバル化に耐えうる人材育成、活力ある職場、会社への経営貢献の場として小集団活動を位置づけ、継続的に愚直に取り組んでいる。[9]

自治体の業務改善運動は、まだはじまって 10 年である。自らの自治体をどういう姿にしたいのか。目標を見据えた取り組みが必要とされている。

3　進め方は千差万別の改善運動

「業務改善運動はいいことだし、やってみたいが、うちのような小さな（大きな）自治体ではできないな」という自治体職員がいる。やる前からあきらめていないだろうか。業務改善運動は名古屋市[10]のような人口 220 万人を抱える政令指定都市から和歌山県有田川町[11]といった人口規模で 2 万人の町で実践されている。また、三重県庁[12]といった広域自治体でも実施されている。規模は関係ないのである。

また「業務改善運動はいいことだし、やってみたいが、上司の理解が得られないだろう」という自治体職員も多い。上司にチャレンジしてみただろうか。確かに、尼崎市の場合は、行政改革部門の課長の指示で福岡市を

視察し、導入を決定するプロセスでは副市長の了解を得るというチャンスに恵まれた。ある門真市職員は業務改善運動を実施すべく、上司の前でプレゼンテーションを行なったが、残念ながら保留扱いとされてしまった。しかし、彼のこのチャレンジこそが業務改善運動そのものなのである。この先、方法は変えなければならないかもしれないが、この経験を乗り越え、自らの所属する自治体をより良くしようと、継続して挑戦していくことが大切なのである。

　業務改善運動は、全国的に見ると、行政改革部門や人事研修部門で取り組む事例が多い。しかし、大阪府柏原市では、行政改革部門や人事研修部門とまったく関係のない職員（木村昭興）の発意で、知人の人事研修部門の職員（堅木康弘）に声を掛け、それがきっかけで時間外の活動としてはじまった。[13]また兵庫県丹波市では、職員の自主研究グループとして事務局を立ち上げ、そのグループが全庁を巻き込む形で業務改善運動が実施された。どちらも人口10万人未満、職員1000人未満の自治体である。両自治体ともに、業務改善運動の全国大会にすでに出場した経験がある。規模の小ささや地方都市であるという点は、少しのハンデでもないのである。

4　困ったときは近くの自治体職員へ

　最後に、「業務改善運動はいいことだし、やってみたいが、私たちにはノウハウがない」という自治体関係者へのメッセージである。関西学院大学教授の石原俊彦のネットワーク[14]にはじまり、全国大会を「山形市⇒兵庫県尼崎市⇒福井市⇒東京都中野区⇒岩手県北上市」と5回開催してきた実績から、業務改善運動担当者同士の横のつながりが構築されている。尼崎市では業務改善運動を進めるにあたって、推進担当者向けの研修を行なっているが、その講師には、福井市の当時の担当者である牧田美佐穂が招かれた。他方、尼崎市の関係者もそのほかの自治体の研修講師として招かれ、時間の許す限り、業務改善運動の進め方や取り組み事例について説明を行なっている。自治体の仕事は細かな部分で違いはあっても、住民票

の発行や税の徴収、土木の営繕など、本質的な部分は変わらない。A市の優れた取り組み事例は、B市でもそのまま応用できるのである。A市からB市、B市からC市へと。この連鎖をここでは「ABCの原則」と整理することにしよう。

　尼崎市が福岡市のDNA運動に学び、業務改善運動をスタートしたことはすでに触れた。尼崎市の職員は福岡市の視察時に、裏のウラまで情報を入手することができた。尼崎市ではその経験を全国に伝播したいと考え、担当者がこれまで東北から四国、九州まで、事例報告に出かけている。もちろんこうした考え方は尼崎市だけでなく、全国大会を開催した経験をもつ自治体担当者の多くが同じ志を有している。

　業務改善運動は職務に前向きな職員を増やし、自治体を元気にする運動である。全国の自治体で業務改善運動に取り組めば、全国の自治体職員が元気になる。住民に最も近い存在の地方自治体職員が元気になることが、地域の活性化にもつながることになる。2008年3月24日に開催した第2回全国大会「ALL JAPAN あまがさき☆14（Juicy）」の最後に、尼崎市は「これから一歩踏み出したいと思っている、"あなた"へ」ということで、図表9-3のようなメッセージを「あまがさき自治体カイゼン宣言2008」として発信している。「ABCの原則」「共鳴の発想」がここには示されている。

図表9-3　あまがさき自治体カイゼン宣言2008

あなた、から始める改善運動。
まわりを少しずつ巻き込みながら。
がんばる"あなた"を私たちは応援します！
さあ、まず、やってみましょう！
きょうめい（共鳴）し合った、今日という日を忘れずに！

【注】

1　福井市　改善王選手権～業革・冬の陣～（市民課）。
　　http://www.city.fukui.lg.jp/d120/gyoukaku/kaizen/index.html
2　福岡市　創意工夫のタネ「ウエルカメラネット」（区役所市民課など）。
　　http://www.city.fukuoka.lg.jp/sawara/sa-kuseijouhou/welcameranet.html
3　静岡県富士市　ChaChaCha運動「捨てる紙あれば拾う紙あり!?」（広報課）。
4　山形市　はながさ☆ぐらんぷり「防災服!!劇的ビフォー・アフター」（防災安全課）。http://www.ykensyo.jp/modules/t_cat2/
5　兵庫県丹波市　バリ3ダービー「わかりやすくする改善　BEST3」（財政課）。
6　東京都中野区　おもてなし運動「美化戦隊『クリーンエンジェルス』出勤」（子ども育成分野）。http://www.city.tokyo-nakano.lg.jp/dept/101500/d003791.html
7　岩手県北上市役所職員。近著に『地方公営企業経営論』（関西学院大学出版会）がある。
8　愛知県豊明市業務改善運動「グッジョブショー」資料を一部修正。
　　http://www.city.toyoake.lg.jp/hishoseisaku/seisakusuishin/02gyoumukaizennunndou/02-00gyoumukaizennunndou%20index.htm
9　尼崎市全庁的改革改善運動職員研修にて。元松下電工㈱理事豊高勝（現TOYOクオリティ・アップ・サポーター）の解説から。
10　名古屋市　すみやか業務改善運動。
　　http://www.city.nagoya.jp/somu/cmsfiles/contents/0000016/16978/7sh22.pdf
11　和歌山県有田川町　SANSYOサン発掘プロジェクト。
　　http://www.town.aridagawa.lg.jp/hajimail/pdf/SANSYO2009-pgm.pdf
12　三重県庁　経営品質向上活動。
　　http://www.pref.mie.lg.jp/JINZAI/HP/keihin/susumekata.htm
13　大阪府柏原市　かしわらチョイ革運動。
　　http://www.city.kashiwara.osaka.jp/jichisuishin/koho/2004/200402-03.pdf
14　フォーラムKGPM。今はそこから派生して、業務改善運動に特化したMLの業務改善ネットワーク（K-NET）がある。第8章参照。
　　http://groups.yahoo.co.jp/group/kgpm/

Coffee Break　退職しても「YAAってるぞ」

　業務改善運動では、中心的な役割を担っている職員の異動とともに、取り組みが停滞する例が見受けられる。他方で、異動した職員が新たな職場で、前職場での経験やノウハウを生かし、成果を上げている例もある。また、定年退職後も、依頼があれば喜んで、経験やノウハウの伝授に努めている職員もいる。

　尼崎市の保育士だった谷村博子は、「YAAるぞ運動」に尾浜保育所のキャプテンとして参加したことがある。尾浜保育所では、子どもたちの野菜嫌いを克服すべく、野菜作りを通した食育に取り組んだ。子どもの苦手な食べ物の2/3は野菜。食べることは生きることの源。元気な子どもに育てたい。そのためには、野菜でも何でも食べる子どもにしたいというのが、谷村たちの思いであった。

　育てる野菜はクラスごとに決めた。給食で、ほとんどの子どもがコーンスープを残した3歳児は、とうもろこしにした。一緒に種をまき、水をやり、実をつけたのを発見した子どもたちと「せんせーあれ何？」「とうもろこしやでー」「食べれるん？」「もちろん〜」という会話をした。そして、子どもたちと一緒に収穫し味わった。

　給食で出されたコーンスープは、ほとんどの子どもが残さなかった。保護者へのアンケートでは、1年目は85％、2年目は100％の保護者が「保育所に来てから、好き嫌いが少なくなった。何でも食べるようになった」と回答を寄せている。

　尾浜保育所の取り組みは、大阪市の職場改善運動事例発表会「カイゼン甲子園」に招かれ、先進市の優秀事例として紹介された。当時の関淳一市長と多くの大阪市職員は称賛の言葉を惜しまなかった。その後谷村は、塚口北保育所に異動し、尾浜保育所での食育の取り組みを進化させた。そして、退職した。2011年5月、谷村はこの日も、依頼のあった保育所2か所を訪問し、栽培活動をはじめとした取り組みを伝授している。話をする谷村の顔は、キャプテン時代と変わらず生き生きとしている。

Epilogue

東日本大震災に立ち向かう業務改善の志士

　2011年3月11日に発生した東日本大震災は、北上市の「カイゼン・サミット」に参加した多くの自治体職員にも大きな影響を与えた。この厳しい状況のなかで、多くの被災地の自治体職員が奮闘している。

　宮古市役所の那波昌幸は、「電話、コピー機、パソコンなど、今まで当たり前に使えていたものが突然使えなくなる。そんな非常時においてこそ改善の真価が発揮されると感じた。改善を意識してというよりは『そうせざるを得なかった』というほうが近いかもしれないが、非常のなかで見えるヒントを大切にしたい」と述べ、釜石市役所の宮本光は、「市役所の諸問題を解決すべく取り組みはじめた業務改善。民間研修でノウハウを学び、カイゼン・サミットで希望を見出し、さぁこれからという直後に大震災に直面した。普段できない事は、災害時に更に顕著になることを痛感。だからこそ、日々の改善意識と積み重ねを大切に、復興への想いを一つにして前進したい」と決意を表明している。

　また、仙台市役所の磯部健二は、「避難所での勤務はまさに業務改善の可否が見られる場所であった。言われてきただけの人間はただ座っているだけ。何かをしなければならないと思っている人は、自ら率先して掲示物の確認や居住区の見回り、被災者の方々への声掛けなどを行なっている。『想い』のある職員は自ら動く。これは普段の業務でも同じだ。『想い』があれば業務改善もできる」と経験を語っている。

　復興までの道のりは長期間にわたるかもしれない。しかし、自治体職員の心にともる改善の精神は、こうした復興までの道筋をきっと確実なものとするに違いない。

執筆者紹介

【編著者】
石原 俊彦［いしはら としひこ］（第1章執筆）

昭和35年生まれ。関西学院大学大学院商学研究科博士課程後期課程単位取得満期退学。現在、関西学院大学専門職大学院経営戦略研究科教授。第30次地方制度調査会委員、総務省地方行財政検討会議構成員、京都府参与（業務改善担当）などを務める。博士（商学）、英国バーミンガム大学客員教授、日本人初の英国勅許公共財務会計士（CPFA）。山形市・尼崎市・福井市・中野区・北上市、大分市で開催された第1回～第6回の全国都市改善改革実践事例発表会の審査委員長を務めた。

【執筆者代表】
吉田 淳史［よしだ あつし］

昭和41年生まれ。近畿大学法学部卒業。昭和63年から尼崎市役所に奉職し、協働参画課長、評価・外郭団体担当課長、公共施設担当課長環境市民局総務課長などを歴任し、現在、シティプロモーション推進部都市魅力創造発信課長。平成15年から実施している「YAAるぞ運動」の立ち上げから関わり、初代担当者として、3年間事務局を務める。

立石 孝裕［たていし たかひろ］

昭和43年生まれ。京都府立大学大学院生活科学研究科修了。平成5年から尼崎市役所に奉職し、現在、教育委員会事務局学校計画担当課長。吉田の後を受け、平成18年から3年間、尼崎市の業務改善運動（尼崎市全庁的改革改善運動2ndステージ）事務局を担当した。第5章の分別戦隊ゴミワケルンジャーの立石由起江は妻。

後藤 好邦［ごとう よしくに］

昭和47年生まれ。日本大学法学部卒業。平成6年から山形市役所に奉職し、現在、まちづくり推進部都市政策課主幹。平成21年に東北公益文科大学大学院公益学研究科修士課程修了。主な論文に「都市間比較型ベンチマーキングに関する研究――NPM改革による公益性の向上を目指して」。平成17年から4年間、山形市の業務改善発表会「はながさ☆ぐらんぷり」の事務局を担当。

木村 昭興［きむら あきのり］（第1章・第3章執筆）

昭和48年生まれ。近畿大学理工学部卒業。平成5年から柏原市役所に奉職し、現在、経済環境部環境保全課主査。関西学院大学大学院経営戦略研究科博士課程後期課程に在籍中。主な論文に「一般廃棄物収集運搬業務における競争原理の導入――環境衛生の維持と市場化」。

【執筆者】

江上　昇	尼崎市企画財政局総務課　主事	
奥出　晃一	山形市上下水道部浄化センター所長	
川嶋　徹也	枚方市監査委員事務局　係長	
日下部　靖広	寒河江市農業委員会　主査	
工藤　真司	大分市福祉保健部生活福祉課　主任	
酒井　直人	中野区保険医療分野国保運営担当　係長	
鈴木　且真	豊橋市産業部農地整備課　技士	
鈴木　由美	仙台市財政局契約課　係長	
髙橋　直子	北上市生活環境部生活環境課　主任	
髙橋　範行	北上市企画部総務課　主任	
立石　由起江	尼崎市こども青少年局長洲保育所　主任	
中野　勝宏	名古屋市健康福祉局健康部健康増進課　係長	
長尾　啓介	佐渡市行政改革課　主事	
西垣　まち子	市立柏原病院看護部OP室　看護師長	
牧田　美佐穂	福井市企業局経営企画課　副主幹	
松永　隆	酒田市健康福祉部福祉課　係長	
丸山　恭司	岐阜県監査委員事務局監査第一課　主査	
三浦　和城	山形市健康福祉部長寿支援課　主任	
吉野　貴雄	富士市監査委員事務局　主査	
吉村　慎一	福岡市中央区政策推進部長	

〈肩書きはすべて執筆時〉

地方自治体業務改善

2012年 2月28日初版第一刷発行
2012年11月10日初版第二刷発行

編　著	石原俊彦
著　者	吉田淳史　立石孝裕　後藤好邦　木村昭興

発行者	田中きく代
発行所	関西学院大学出版会
所在地	〒662-0891
	兵庫県西宮市上ケ原一番町1-155
電　話	0798-53-7002
印　刷	大和出版印刷株式会社

©2012 Toshihiko Ishihara, Atsushi Yoshida, Takahiro Tateishi,
Yoshikuni Goto, Akinori Kimura
Printed in Japan by Kwansei Gakuin University Press
ISBN 978-4-86283-102-6
乱丁・落丁本はお取り替えいたします。
本書の全部または一部を無断で複写・複製することを禁じます。
http://www.kwansei.ac.jp/press